—中国国学通览—

主　　编：陈进玉

执行主编：李文亮

编　　委：朱翔非、陈博涵、张宜婷、周京艳

本卷主编：郭齐勇

斯文在兹

儒家文化精神与源流（下）

中国国学中心◎编

人民出版社

策划编辑：李　斌
责任编辑：张继媛　史常余
封面设计：飛鳥装帧设计 1581 0133 062

图书在版编目（CIP）数据

斯文在兹：儒家文化精神与源流 / 中国国学中心编. — 北京：人民出版社，2016
ISBN 978-7-01-017160-9

Ⅰ. ①斯… Ⅱ. ①中… Ⅲ. ①儒家－研究 Ⅳ. ①B222.05

中国版本图书馆CIP数据核字（2016）第317685号

斯文在兹——儒家文化精神与源流

SIWEN ZAIZI——RUJIA WENHUA JINGSHEN YU YUANLIU

中国国学中心　编

人民出版社 出版发行
（100706　北京市东城区隆福寺街99号）

北京汇林印务有限公司印刷　新华书店经销

2017年3月第1版　2023年10月北京第4次印刷
开本：880毫米×1230毫米　1/32　印张：16.375
字数：325千字

ISBN 978-7-01-017160-9　定价：120.00元

邮购地址 100706　北京市东城区隆福寺街99号
人民东方图书销售中心　电话（010）65250042　65289539

目 录

下编　儒学源流

儒学源流【下编】

儒学自产生之日起，就凭借自身深厚的历史文化底蕴和博大的胸襟，与其他学派、文明开展交流对话，并在此过程中不断传承、发展。本编即介绍儒学演变的历史，以及各时代重要的儒家学者和主要学说。依儒学自身特点及所处时代，本编分为三部分，即先秦儒学、秦汉至唐代儒学和宋元明清儒学。

第六章　先秦儒学

一、儒学产生的时代

（一）物质基础

1. 农耕文明

由于适宜的地理环境，华夏民族自古就有着发达的农业经济。在上古时期，华夏先民主要在华北和华中地区活动。华北地区属于中纬度暖温带季风气候，夏季炎热多雨，水热同步，大陆性气候特征明显。黄河是该区域最重要的河流，裹挟着大量泥沙，造就了约25万平方公里的华北平原。该区域土壤含矿物养分较高，适于发展旱地农业，主要种植粟和黍。华中地区属于湿润的亚热带季风气候，降水丰沛且季节分配比较均匀。该地区江河纵横，有肥沃的长江中下游平原，水热条件都很优越，适宜种植水稻等农作物，历来是我国农业和多种经济体最发达的地区。

在距今八九千年、主要分布于今天洞庭湖区一带的彭头山文化遗址中，有丰富的稻谷遗存。到了新石器时代晚期，即大约从公元前4000年或稍晚一些时候开始，各地的农业有了进一步的发展。分布于江浙一带的崧泽文化和后续的良渚文化的居民，已经拥有了用作翻土开垦、中耕、收割的一整套石质农具。

从以狩猎、采摘为生转向以农业为生后，先民开始在固定的地域定居，建设家园，繁衍生息，发展族群。由于族群的逐渐扩大，整体的生存压力也随之增加，于是，先民开始有了合理的分工，提高生产技术，改良生产工具，文明在一点一滴地积累和进步。

以农耕为本位的生产方式，从两个方面影响着华夏民族的文明进程。一方面，农耕文化塑造了中华民族的基本性格。由于农业生产离不开天的风调雨顺和地的广袤肥沃，先民效法天地，天的运行刚劲强健，生化万物，无休无息，功成不居；大地的态势安稳博厚，养育万物，无不载覆，大德无言。天地的这种“自强不息”“厚德载物”的性格，也就是中华民族的性格。天，以及与之相关的天帝、天道、天理等，一直是中华文明史上最核心的观念。天的四季轮替、寒来暑往，万物年复一年的春荣秋杀等，也容易产生“变易”的观念，后来融贯在《周易》中。还有诸如实用理性、忧患意识、勤劳坚韧、扎根故土等民族性格，也无不是先民在数千年耕作劳动中形成的。另一方面，农耕经济的发达也大力推进了文明的进展。伴随人口的向南迁徙，先进的农业技术也随之流播到南方。南部，尤其是江浙湖广一带，更加适宜的自然环境使得农业经济持续增长，养活了更多百姓，经济中心随之移动。与此同时，文化中心南移，文化也有了长足发展，形成了明清时期高度发达的江浙文化圈。

2. 宗法社会

中国历史上国家的形成很早，大概在夏朝就已经初具规模，而商朝已经是比较成熟的国家形态。早期的国家是从氏族部落发展而来的，华夏大地邦国林立，商王朝则为共主。殷商王朝和下属邦国的联系很松散，甚至经常发生战争。商王朝的君位继承制既有兄终弟及，也有父死子继，往往发生争夺继承权的问题，使得朝政不稳。商代末年，政治黑暗，商纣王荒淫昏聩，而西方诸侯周国则修明德教，经过几代领袖的努力，国力强盛，最终取商而代之。

周人虽在政治方面取代了殷人，但并不能掩盖文化上的贫瘠，故而建国之初，他们更多地继承了殷人的思想遗产。在根本政治原则上，周人放弃了殷人把自己祖先与神联系在一起的做法，直接把祖先与神分属不同系统，削弱了神的权威，使血缘的因素上升到根本地位。周人以血缘建立严格的宗法制度，并流播后世，影响深远。

宗法制是整个周代的基本政治结构，大约在商代就已经开始形成，但其完成则是在西周。宗法制实行的具体途径就是通过嫡和庶的分别来确立大宗和小宗，在宗族内部发展出明确的区分原则。《礼记·大传》记载：“别子为祖，继别为宗，继祢者为小宗。”嫡长子（即宗子，正妻所生的第一个儿子）为大宗，这是宗族的主干；庶子（即别子，除嫡长子以外的其他儿子）为小宗，是宗族的分支。小宗的嫡长子在本支中为大宗，庶子为小宗，依此类推。《礼记·大传》

又说："上治祖祢，尊尊也；下治子孙，亲亲也；旁治昆弟，合族以食，序以昭穆，别之以礼义，人道竭矣。"宗法制度最重要的基础乃是亲亲，但在此之上同时又容纳了尊尊的原则。亲亲重在强调宗族内部的血缘统一性，尊尊则突出在这种统一性中尊卑贵贱的分别。其具体的路径，是由亲亲引申出尊祖敬宗，以至于收族——把同一宗族的亲属按照亲疏贵贱聚合起来，所谓"上治祖祢""下治子孙""旁治昆弟""合族以食"。如此则可以严宗庙、重社稷、爱百姓，由宗族伦理引申出政治伦理，这种"修身、齐家、治国、平天下"的思想在《大学》中得到了系统的表达。而亲亲、尊尊的原则，以及对家国天下有序的追求，也为后来的儒家所继承。

宗法制度在政治领域内的最大特点就是君统宗法化和封国宗亲化。天子是天下的大宗，百世不迁之宗，宗统和君统相结合，君统依托于宗统，天子不能以私意来选择继承人，而应该按照嫡长子继承制。如此，便可在制度的层次上减少权力争夺，使国家更稳定有序。分封制简单来说是把王畿以外的疆域分给诸侯管理。分封对象分为三类：一是亲戚，如鲁、晋、郑、卫等，此类最多。二是功臣，如姜尚封于齐。三是古帝王之后与友邦冢君，如封帝舜之后于陈，封大禹之后于杞，等等。封建亲戚，主要是考虑到血缘关系的信任，而对于异性则采取联姻的方式确立舅甥关系，从而组成一个紧密的网络系统来维护周天子的一统。这里同样反映着亲亲、尊尊、贤贤以及重视秩序的原则，而且这种家国天下一体的天下观对后世儒家影响深远。

从消极方面看，宗法制度下的宗族成为人进行社会活动的单一场所和不可逾越的界限，极大地限制了人们社会关系的多样化发展，从而束缚了社会的进步。但是从积极方面看，一个个单独的社会分子被宗族血缘关系紧密地联结为一个整体，借以克服单个分子所无力克服的困难，承受单个分子所难以承受的压力。这后一方面，恰与周人从“天命靡常”中引申出的“敬德”“保民”观念极为吻合。“敬德”的具体体现是“保民”，在相对低下的生产力状况下，如何保护本族子嗣人丁兴旺、安居乐业？周人聪明地从远古氏族遗留的自然血缘关系中找到了维系氏族整体以抗拒自然或社会原因带来的不虞灾祸的法宝。和氏族社会中人不能脱离其氏族一样，在宗法社会中，个人脱离了其宗族，也将陷入绝境。周人选择了宗法制度这种特殊的社会结构形式，正如马克思所说，是“以个人尚未成熟，尚未脱掉同其他人的自然血缘联系的脐带为基础”①。②

（二）文化遗产

1. 三代遗教

夏、商、周三代敬天、敬德、尊贤、保民、吊民伐罪等政治观念和实践，以及禅让制、世袭制等国家权力交替模式，构成了被称为“三代遗教”的政治文化遗产。尤其

① 《马克思恩格斯全集》第23卷，人民出版社1971年版，第96页。

② 参见冯天瑜、何晓明、周积明《中华文化史》，上海人民出版社2015年版，第232页。

是“郁郁乎文哉”的周代，以“德”为政治合法性根源，发展出一套高度发达的礼乐文明制度，成为儒学创生的文化根源。《史记》中有“汤武革命”“伊尹相殷”“岐山德治”“武王伐纣”“制礼作乐”的记载。

“天”作为中国文化中最核心的观念之一，其权威贯穿在儒家产生前后几千年的历史之中。在上古时代，天、天帝、天命等观念属于宗教领域，与祭祀活动相关，但并非是西方宗教中那样的“创世者”。当时的先民有着花样繁多的自然神灵崇拜，随着时代发展，自然诸神灵统一于帝、天帝，大约与此同时，地上诸部落也相继联盟统一。上帝、天也成为夏商周三代王权的合法性依据。《尚书》中记载，舜在接替尧担任首领时，主持了庄严肃穆的宗教仪式，首先祭祀“上帝”天神，然后祭祀其他自然神灵。这种虔敬的宗教仪式也是舜在政治、军事上取得统治合法性的象征。夏禹征服三苗、夏启讨伐有扈氏，以及商汤伐夏桀、周武王伐商纣都有相应的祭祀活动，并且假天的命令为其根据。约从夏代开始，天神上帝与王的祖先合而为一，此时的天、天帝具有较强的人格神意味，例如在殷墟卜辞中经常出现商人的祖先升天“宾”于帝的说法，“这种纯粹的主宰神格观念，未曾涉及德、民、人等”①。不过，“商人对‘帝’或‘天’的信仰中并无伦理的内容在其中，总体上还不能达到伦理宗教的水平”②。

---

① 陈来：《古代宗教与伦理》，生活·读书·新知三联书店2009年版，第181页。

② 同上书，第183页。

殷周之际，小邦周战胜了大国殷，一开始也继承了殷商的信仰，如代表此时观念的《尚书·金縢》篇记载："乃命于帝庭"。但是，周初的统治并不稳固，武王死后就迅速出现了严重的内忧外患，内有周公的兄弟管叔、蔡叔勾结商纣太子武庚作乱，外有东夷入侵。在此危难之时，周朝的统治者，以周公为核心，不能不有一种强烈的忧患意识。周公一面平伏叛乱，一面深入反思夏商兴亡历史，最终在政治文化上实现了一系列极其重要的革新。具体说来，在信仰方面，周公把之前的"以祖配天"发展成"以德配天"，把血缘性的祖宗崇拜发展为政治与道德性的，把外在性的天神崇拜逐渐内在化、道德化。天的人格神色彩日益淡化，《诗经·大雅·文王》说："上天之载，无声无臭。"周公还反对以前的"我生不有命在天"的观念，理性而又饱含忧患地提出"天命靡常"。这些转变，是德国哲学家卡西尔所说的一切成熟宗教必须完成的最大奇迹之一，也由此中国文化逐步走上了人之为人的自觉，走向了自由的理想的行程。①

西周末年，随着周天子权力和地位的日益衰落，加上自然灾害频繁、政治局面突变，天命神学思想遭到了普遍怀疑，宗教伦理思想动摇，出现天道与人道相分离的趋势，即天的自然化，这种观念后来在儒家荀子一脉有所继承。②但与此相反，出自西周末年的《诗经·大雅·烝民》篇说："天生烝民，有物有则，民之秉彝，好是懿德。"这是说，上天赋

① 参见陈来《古代宗教与伦理》，第168页。

② 参见张岂之编《中国思想学说史·先秦卷》，广西师范大学出版社2007年版，第186页。

予人以善性，天和人是紧密相连的。这种“天人相与”的观念是儒家后来的主流。

“德”的观念也是三代的丰富遗产。夏商时期，德的伦理含义并不突出，其突破也是在殷商变革之际。商纣王迷信“我生不有命在天”，却转眼覆亡。周人则意识到“天命靡常”，那他们自己是如何抓住这无常的天命，以及如何长久留住变化的天命呢？其依据便是“德”。据记载，商纣王“昏乱暴虐滋甚”①，引起人民怨恨，上天震怒，于是上天命周人讨伐之。而周“文王之德之纯”②，“天休（嘉美）于宁王（文王），兴我小邦周”③。还有《尚书·泰誓》《尚书·牧誓》中，同样充满了对商王失德的指责。这样，“殷周之兴亡，乃有德与无德之兴亡”④，天命随之转移。但是天命可以转移到周人身上，那也可以转移给他人，“皇天无亲，惟德是辅”⑤，“惟不敬厥德，乃早坠厥命”⑥。所以周人一再地强调“敬德”“明德”，这是一种充满责任感的忧患意识，从把责任、信心交给神转而变成自我担当，这是自觉、主动、反省地凸显主体的积极性与理性作用，是以“敬”为动力的、具有道德性格的人文精神。“天”是至上的主宰，“德”是人的品质，但天和德紧密地联系在一起了，天不再是喜怒无常、赏罚难测的，而是必定以德为根本的。从西周到

① 《史记·周本纪》。
② 《诗·周颂·维天之命》。
③ 《尚书·大诰》。
④ 王国维：《殷周制度论》，载《观堂集林》卷十，河北教育出版社2001年版，第303页。
⑤ 《尚书·蔡仲之命》。
⑥ 《尚书·召诰》。

春秋时期，德的影响力开始扩大到一切领域之中，成为意义和价值的核心，从而名副其实地成为国家社会的根基。

当时的“德”不是空泛的，而是要求统治者保民、爱民，周人深知“夫一姓之福祚与万姓之福祚，是一非二。又知一姓、万姓之福祚与其道德，是一非二。故其所以祈天永命者，乃在‘德’与‘民’二字”[①]。首先，周人讨伐商纣的檄文中多次指出商纣失德于民：“俾暴虐于百姓”[②]“以残害于尔万姓”[③]“自绝于天，结怨于民”[④]。这是周人兴兵讨伐的合理性所在。其次，在周公统治时期，民本的观念得到进一步的加强。周公在《康诰》中谆谆告诫康叔要善待民众：

> 呜呼！小子封，恫瘝乃身，敬哉！天畏棐忱，民情大可见，小人难保。往尽乃心，无康好逸豫，乃其乂民。我闻曰：“怨不在大，亦不在小。惠不惠，懋不懋。”[⑤]

上天辅助诚信的人，这从民情大致可以看出来。治理人民要尽心，不可贪图安逸。要在人民身上观测天意，“天视自我民视，天听自我民听”[⑥]，“民之所欲，天必从之”[⑦]。只有勤勤

① 王国维：《殷周制度论》，载《观堂集林》卷十，第301页。
② 《尚书·牧誓》。
③ 《尚书·泰誓》。
④ 同上。
⑤ 《尚书·康诰》。
⑥ 《孟子·万章上》引《尚书》。
⑦ 《国语·周语》引《太誓》。

勉勉地治理国家，善待百姓，满足人民的需求，天命才会保持下去，国家也才能长治久安。需要指出的是，这个时期的爱民观念还是很朴素的民本主义，其出发点是政权的长久，而民众并没有独立的人格。

三代政治还有尊贤的传统。如商汤相伊尹于庖厨、武丁起傅说于版筑、文王访姜尚于渭水等。前代明君治理国家都离不开贤良人才，他们起用人才不拘一格，尊重人才，让他们充分施展才华，成就大治。

三代也开政权转移之典范。尧、舜、禹三圣相继禅让，夏代及以后则为家天下。而一旦帝王失德，残虐下民，天命转移，则有革命之举，所谓“汤武革命，顺乎天而应乎人”①。三千年的传统政权都在这种框架之内。

总之，前儒家时期的中华文化已经发展到了相当高度，形成了一系列的原则，尊天、敬德、保民、尊尊、亲亲、贤贤等，贯穿于当时的整个家国天下，有效地保证了社会秩序的正常运行。后来经过儒家的一系列创造性转化，深刻影响了此后两千多年的中国社会。

2. 圣贤遗泽

儒家的政治观投射到上古历史中就形成了独特的圣王系统如尧、舜、禹、汤、文、武、周公等，以及圣贤群体如伊尹、微子、箕子、比干、伯夷、叔齐、柳下惠等。当然我们要明白的是，这些圣贤事迹在我们现代看来可能并不都是真

① 《易·革·彖辞》。

实的，但它确实对后世特别是对儒家产生了很大的影响，具有很强的象征意义，所以仍然值得我们关注。

《尚书·尧典》开头便赞美了尧的美德，接着具体叙述了尧的事迹："钦若昊天，历象日月星辰，敬授人时。"意思即敬天法天，制定历法，敬授民时，指导人事。故而《论语·泰伯》篇赞美道："大哉尧之为君也，巍巍乎，唯天为大，唯尧则之。"尧的另一个功绩就是对帝舜的选拔。尧年老的时候开始思考继承人的事，其臣下推荐其子丹朱，但尧马上否定了自己的儿子，因为他"嚚讼"，无德。尧又考虑让四岳（四方部落首领）继承自己的位置，但四岳明确表示自己德行不足，并推荐了非常有德行的平民舜。经过三年考察，尧对舜非常满意，于是禅位于舜。禅让是儒家政治哲学中权力转移的一种重要模式，暗示权力不是一家一姓的私物，它应该为圣贤所有，造福于天下。

尧的继任者舜是一个自平民而天子的典型，实现这种身份变化的最终依据只是其自身的德行，他的德行主要体现在最基本的人伦——孝悌之中。"瞽子，父顽，母嚚，象傲；克谐以孝，烝烝乂不格奸。"①他的盲父愚钝，继母很荒谬，弟弟象傲慢无礼，甚至想尽办法杀他。在这样恶劣的家庭环境中，他却始终能恪尽孝悌，与他们和谐相处，严格地修身自律。这里显现出一种人人皆可凭借自己的德行成为天子的可能性。和父母亲的相处正是和他人相处的开始，对父母孝顺，对兄弟友悌，由此推展开来，可以远及天下。孟

① 《尚书·尧典》。

子说："大舜有大焉，善与人同。舍己从人，乐取于人以为善。耕、稼、陶、渔以至为帝，无非取于人者。取诸人以为善，是与人为善者也。"①

舜非常乐意吸取别人的优点，成就自己的善行，他从普通的农夫到崇高的圣王，都是如此。他的这种能力在他成为天子之后仍有突出表现，这就是"任人"。他选拔禹、稷、契、皋陶、伯益来帮他治理天下，结果天下大治。《论语·泰伯》说："舜有臣五人而天下治。"《论语·卫灵公》说："无为而治者，其舜也与！夫何为哉，恭己正南面而已矣。"舜的无为，正是得益于其"任人"的智慧。由陶于河滨的草民到圣王，舜提供了一个普通人由修身而齐家，而治国平天下的内圣外王的典范。

舜年迈后也禅让于禹。禹主要凭借的是事功，即平服水土，划定九州，奠定了华夏族群活动区域的地理秩序。我们再整体考察尧舜禹的形象，可以发现，尧的功绩主要在天文，而舜的成就在人伦，禹的事功在地理。他们分别奠定了天、人和地的基本秩序，从而共同构造了一个宇宙秩序的整体。从这个意义上来说，尧、舜、禹在儒家的圣王谱系中构成了不可分割的一组，担当着秩序创立者的角色。

汤、文、武是另一种类型的圣王，他们开启了儒家政治哲学中政权转移的另一种方式：征伐革命。征伐是吊民伐罪，革命是更改天命。后世儒家也常常以此来反对暴虐无道的统治，《孟子·梁惠王下》中论述汤武革命说："贼（残

① 《孟子·公孙丑上》。

害）仁者谓之贼；贼义者谓之残。残贼之人，谓之一夫。闻诛一夫纣矣，未闻弑君也。”这种政权转移有个基本的模式，即桀纣暴虐无道，汤武盛德周闻，天乃令汤武恭行吊伐。

周公是第三种类型的圣王，也是实际上对儒家影响最大者。周公姬姓，名旦，武王弟，封于鲁，武王死后临危摄政，是中国历史上伟大的政治家、思想家。周公在当政期间主持了一系列改革，对中国文化影响极其深远。对于我们前面论及的尊天、敬德、保民等原则的发展，以及宗法制的确立，人们传统上认为周公功莫大焉。

周公最为后世所称道的是制礼作乐。《左传·文公十八年》记载："先君周公制周礼，曰：则以观德，德以处事，事以度功，功以食民。"虽然现代学者不认为《周礼》《仪礼》《礼记》中所记述的礼乐都是周公一手制定的，但说周公为周代璀璨辉煌的礼乐文明确立了大法和方向应该是无疑的，故这里直接将周公作为周初礼乐改革的代表。礼乐传统大概起源于原始氏族社会的各种习俗，随着社会发展而日益繁多。及至周初，周公对自上古至虞夏商的礼进行因革损益，形成粲然明备的周礼，这就是孔子所说的"周监于二代，郁郁乎文哉"[①]。礼乐在周代延伸到社会的各个角落，从国家结构上说，礼乐行之于从个人到家庭、宗族、国家以至天下；从个人生命历程上说，礼乐涉及人们从出生到成年、婚姻以至死亡和死后的祭祀。经过整合的周礼，"作为一种社会文化

① 《论语·八佾》。

体系，其主体部分已不是殷商时代的沟通人神的祭祀礼仪，而是人际之间的交往礼仪”①，具有强烈的现世性格。周公在礼乐中贯注德义、秩序等内涵，使得早期人文理性大大进步。周代礼乐也正是孔子创建儒学的基点。

另外还有一类圣贤人物，如伊尹、微子、箕子、比干、伯夷、叔齐、柳下惠等。伊尹相汤，辅佐成汤治理天下。《论语·微子》记载：“微子去之，箕子为之奴，比干谏而死。孔子曰：‘殷有三仁焉。’”他们三人都是商纣王的忠臣。伯夷、叔齐本孤竹国王子，二人相互让国。后来，“天下宗周，而伯夷、叔齐耻之，义不食周粟，隐于首阳山，采薇而食之”，终饿死。柳下惠生活在春秋时期，他品行高洁，“不以三公易其介”②。这些圣贤经常被孔子、孟子称道，伊尹是“圣之任者也”，伯夷是“圣之清者也”，柳下惠是“圣之和者也”。他们时代不一，性格不一，行事不一，结局不一，但归于仁则一。他们都具有生命典范、人格典范的意义，极大地开拓了儒家的人生境界，是后世儒者向往的楷模。③

（三）时代需求

1. 礼崩乐坏

周代自平王东迁，迄三家分晋，是为春秋时代。这个时代的突出特点是：周王室衰微，失去控制力；诸侯国开始觉

① 陈来：《古代宗教与伦理》，第248页。

② 《孟子·尽心上》。

③ 参见王博《中国儒学史·先秦卷》，北京大学出版社2011年版，第41—49页。

醒、独立，联系日益紧密但又逐步独立发展；大国争霸，小国自保不暇，战争不断；宗法制逐步解体，礼崩乐坏。

西周初年，国力强盛。后周幽王烽火戏诸侯，引来犬戎，杀幽王，毁镐京，其子平王不得不东迁洛邑，史称“东周”。此后，周天子虽然名义上还是天下共主，但土地、人口、财力、兵力都大不如前，甚至只相当于小诸侯，对诸侯的控制力急剧削弱，反倒得求助于诸侯。

诸侯摆脱周王室控制后，开始独立发展，谋求霸权，春秋早期郑国曾有“小霸”之局，后来齐桓公第一次独霸中原，尊奉周室，九合诸侯。春秋时代主要是晋楚两国争霸，战争连绵不断，小国不得不根据形势依附大国，自保不暇。孟子曰：“春秋无义战”[①]，是当时的真实写照。

周代璀璨文明的象征——礼乐制度也开始崩溃，即“礼崩乐坏”。周礼重“别”，有着严格的尊卑贵贱等级，不可逾越。但春秋时期，“僭越”却不断发生，即使周公的封国鲁，也出现了季氏“八佾舞于庭”[②]的事件。季氏乃鲁国陪臣，而八佾是只有周王才能使用的舞乐，故而孔子愤怒地说：“是可忍，孰不可忍！”[③]孔子称西周为“礼乐征伐自天子出”[④]，这是“天下有道”；而春秋时代则是“礼乐征伐自诸侯出”，这是“天下无道”；而最等而次之的是“陪臣执国命”，即国政被卿大夫乃至家臣控制。

① 《孟子·尽心下》。
② 《论语·八佾》。
③ 同上。
④ 《论语·季氏》。

春秋时代的以上变化造成了整个社会自上而下都失去了合理秩序，国家上层争权夺利，篡弑不断；下层民众陷溺于战乱、苛政，水深火热。“天下之无道也久矣”①，时代在呼唤能拯救生民于涂炭的人。

2. 学术下移

早在远古三代，华夏民族就非常重视教育，“设为庠、序、学、校以教之。庠者，养也；校者，教也；序者，射也。夏曰校，殷曰序，周曰庠，学则三代共之，皆所以明人伦也”②。这段话说明远古三代已经有比较完善的教育体系，不过当时的教育都被政府垄断，即所谓的“学在官府”。教师也是官吏，而学生则是贵族子弟。贵族分为天子、诸侯、卿大夫、士，士是最底层的，人口较多，也最接近庶民。教育的内容主要是“六艺”（礼、乐、射、御、书、数），培养能文能武、具有综合素养的人才，为统治阶层服务。

春秋时代，王室衰微，原来官府的人才、典籍逐步散落民间，开始出现“私学”，即所谓的“天子失官，学在四夷”③。传说周守藏室史老子弃官而西出函谷关著《道德经》五千言，颇能反映当时的状况。

士阶层也发生了变化，很多旧贵族开始没落，失去地位权势，和庶民差不多，但掌握丰富的古代文化典籍知识，他们有的成为老师，有的参与政治，有的著书立说。还有新兴

① 《论语·八佾》。
② 《孟子·滕文公上》。
③ 《左传·昭公十七年》。

贵族崛起，依靠军功等从庶民升为士阶层。诸侯大国争霸，小国自保，以及卿大夫野心膨胀，都急切需要人才，他们争相养士甚至尊士，以士为师，客观上推动了士群体的发展。士是主要的知识承载者，该阶层的扩大与流动，使得知识大为普及。

学术的下移和士阶层的形成，为发展学术、传播文化、组建文化思想群体准备了条件。孔子和其他诸子都是在以上背景下出现的士，他们奠定了中华文化的根基。

二、孔子

（一）生平事迹

孔子（前551—前479），名丘，字仲尼。先祖为殷商后裔，宋国（今河南商丘）贵族。其父名叔梁纥，有一子而病足，乃求婚于颜氏。颜氏女征在从父命为婚，即为孔子母，叔梁纥老而征在少，故时人谓之“野合”。颜征在祷于尼丘而得孔子，孔子出生后头顶中间低、四边高，故名丘字仲尼。孔子三岁时丧父，之后和他的母亲过着清贫困苦的日子。他小时候经常陈列俎豆等礼器，演习礼仪，以此为乐。孔子曰：“吾十有五而志于学”[1]。孔子所谓的“学”与当时人们学习如何进身谋生不同，乃是已注意探求六艺中所蕴含的道

①《论语·为政》。

义，求为一君子儒。孔子曰："吾少也贱，故多能鄙事。"① 他做过"委吏"（仓库管理员），计量公平允当；也做过"乘田"（主管牲畜），能尽职尽责，使牛羊茁壮。他年轻时就以知礼而出名。孔子十九岁娶妻，一年后得子孔鲤。二十七岁时郯国国君来鲁国，孔子向其问学。孔子曾经说："我非生而知之者，好古，敏以求之者也"②，于此可见一斑。

孔子曾自述"三十而立"③。这时他自知已学有所成，能够不随世俯仰，独立不倚，不随外在的艰难困苦或富贵福泽而改变自己的心志。孔子约在三十岁后开始授徒设教，向一般士君子传授关于"六艺"的学问，这使他成为中国历史上第一个有名的教育家，后世尊之为"至圣先师"。孔子曾经说："自行束脩以上，吾未尝无诲焉。"④束脩乃一束干肉，是童子见师之礼，为礼中最薄的，可见孔子教育门槛之低。孔子三十五岁时，鲁大夫孟僖子临终前令自己的两个儿子跟随孔子学礼。是年，"三桓"季孙氏、孟孙氏、叔孙氏共攻鲁昭公，昭公奔齐，鲁国大乱。鲁国大政自宣公起便由"三桓"把持，甚至大权沦落到他们的家臣手中，鲁国公室暗弱，孔子也去了齐国。孔子在齐国闻虞舜的韶乐并学之三月，其专心投入以至于忽视了吃肉的美味。在齐国时，齐景公向孔子请教为政，孔子对曰："君君、臣臣、父父、子子。"⑤当时景公失政，大夫陈氏当国，故孔子告之以"正名"之道，做好与自己职分相

① 《论语·子罕》。
② 《论语·述而》。
③ 《论语·为政》。
④ 《论语·述而》。
⑤ 《论语·颜渊》。

当的事，国家才能安定有序。但齐景公并不用孔子，孔子只好返回鲁国。

到四十岁时，孔子对道有了很深的了悟。他曾经自述“四十而不惑”①，就是说对于道不复有所疑惑，见道愈明，守道愈笃。孔子自齐归至五十一岁出仕之间，一心授徒，此即孔子前期教育生涯。所收弟子，著名的有颜无繇、仲由、曾点、冉伯牛、闵损、冉求、仲弓、宰我、颜回、高柴、公西赤等。师徒之间问学切磋，其乐融融。约在孔子四十七岁的时候，实际掌握着鲁国权力的季孙氏家臣阳虎想拉拢孔子，借孔子的声望来巩固其地位，多次想见孔子，却都被孔子婉拒了。阳虎便趁孔子不在家时，将一个蒸熟的小猪送去。依礼，孔子要亲自到阳虎家道谢。孔子也趁阳虎不在的时候去，可是恰巧在路上遇到阳虎了。阳虎便要求孔子出仕，孔子虽然答应了，但并没有急着去做官。季氏的家臣公山弗扰在费邑叛乱，欲邀请孔子前往。孔子乍闻，心动欲往，而子路不高兴，意为何必给一叛逆家臣为臣，但孔子并不在此等事上计较，他说：“如有用我者，吾其为东周乎？”②孔子自有其理想与抱负，并不计较为谁所用，但最终也还是没有前往。孔子欲往，见其仁；终不往，见其智。

孔子“五十而知天命”③。人当以行道为职，此属天命。但道有不行之时，此亦是天命。知此即知天命。鲁定公九年（前501），孔子五十一岁，阳虎奔齐，定公授孔子中都宰

① 《论语·为政》。
② 《论语·阳货》。
③ 《论语·为政》。

之职。这是孔子第二次正式出仕。一年后，孔子又升任小司空（助理工程营造），不久升任大司寇（主管司法）。定公十年（前500），齐景公与鲁定公在夹谷会盟。孔子以上卿身份任鲁君相礼（司仪）。当时齐强鲁弱，齐国欲压服鲁国。齐欲暗中使人劫持鲁君，幸有孔子以大义正道之言折服齐人。到缔盟的时候，齐人突然在盟约中加了一条，说齐国出征时，如果鲁国不出兵随从则是破坏此盟，即要鲁国成为自己的附庸。当此时，若拒之则盟不成；若屈从则吃亏太大，实是两难。孔子临机应变，谓齐国若不归还侵占鲁国的汶阳之田，则也是背弃盟约。最后齐国不得不把侵占的这些田地归还鲁国。孔子在夹谷之会中，随机应变，折冲樽俎，拿当时很受重视的礼做武器，进行斗争，以弱胜强，保全了鲁国的尊严，充分显示了他作为一个政治家、外交家的才能和胆略。此事之后，孔子威望大大提高，更博得了鲁定公和鲁国实际执政者季桓子的信任，使孔子得以“与闻国政”。于是孔子便开始实施其重要的政治主张——正名，让君臣名实各得其正，于鲁国而言则是强公室、抑三桓、贬家臣，其具体措施便是“堕（隳）三都”。三都指费邑、郈邑和成邑，是三桓割据的三个城堡，城高池深，驻有私军。但三桓又都不住在三都，所以三都实际上被他们的家臣控制住了，家臣便能据此干预国政。孔子利用季孙氏对与阳货勾结的费邑宰公山弗扰、叔孙氏对侯犯以郈叛的强烈不满，相机建议将三都的堡垒拆毁（堕三都），得到了三桓的同意。首先堕郈邑很顺利。再堕费邑时却遇到费宰公山不狃的抵抗，幸赖孔子指挥军队反击，取得胜利，也隳了费邑。但到隳最后的成邑时，却由于种种原因功亏一篑，没有成功，导致整个“隳三都”计划失败。这对孔子是一个巨大的打击，其政治理想在鲁国已经无法施行。而且此后孔子与季孙氏的关系也趋于破裂。正好齐国又由于担心鲁国重用孔子而强大，给鲁国执政者送来美女骏马。季桓子接受了，并且三日不听政。孔子此时仍对季桓子抱有希望。可随后的国家祭祀并没有依礼给孔子送来祭肉，孔子至此已无可留念，离开祖国，外出周游。孔子至此出仕四年。

鲁定公十三年（前497）春，孔子五十五岁，开始携弟子周游列国。孔子周游列国的目的是为了求仕以推行自己的“德政”主张，变“天下无道”为“天下有道”。鲁卫接壤，而且卫多君子，故孔子第一站来到卫国。卫国国君灵公很敬重孔子，给予其在鲁国同等的待遇，但并不重用孔子。又不久就有人诬陷孔子，所以孔子住了十个月后就离开卫国。孔子路过卫的边境小城仪，仪地长官会见了孔子，对孔子弟子们说：“你们不必担心夫子失位啊，天下无道已经很久了，上天将以夫子为木铎，使之周流四方，以行教化。”①孔子路过匡地，由于阳虎曾经欺压过匡人，而孔子长得和阳虎很像，于是匡人将孔子当成阳虎拘留起来了。弟子们很害怕，而孔子曰：“文王既没，文不在兹乎？天之将丧斯文也，后死者不得与于斯文也；天之未丧斯文也，匡人其如予

① 参见《论语·八佾》。

何？”①这是说，“文王死后，神州文化难道不在我这里吗？若上天欲丧此道，则不会让我这后死者了解道；若上天不欲丧此道，则匡人又能拿我如何呢？”这是孔子对天命的信仰、对弘道的责任、对文化神州一肩担的自信。孔子不久又回到了卫国，住在卫国贤大夫蘧伯玉的家里。灵公夫人南子有淫行，爱干预朝政，欲见孔子增加声望，孔子不得已而见之。南子在帷帐里，孔子在外稽首，南子在内答拜。子路不悦，以为孔子想通过拜见这种弄权之人而获得官职，孔子不得不发誓证明清白。可见，有时连自己心爱的弟子都不能理解自己。孔子越来越觉得卫君不足与谋，至其问军旅之事后，孔子决定再次离开卫国。时年约在鲁哀公二年（前493）。

鲁哀公三年（前494），孔子经过曹国前往宋国。在宋国境内，孔子与弟子在大树下演习礼仪。宋司马桓魋恐吓欲杀孔子，砍掉大树。孔子说：“天生德于予，桓魋其如予何？”②孔子于是前往陈国。孔子在陈国住了三年，也未能得到陈君重用。

鲁哀公六年（前489），孔子离开陈国。路上好些天没有粮食吃，弟子们有不少生病了，都很哀伤沮丧，孔子却仍然很镇定，劝慰弟子，并继续讲学弹琴。最后到了负函（今河南信阳），该地长官是楚国贤臣叶公。叶公向孔子请教政事，孔子曰：“近者悦，远者来。”③也就是使近处的人民悦服，使远方的人愿意来此生活。叶公告诉孔子，当地有个

① 《论语·子罕》。
② 《论语·述而》。
③ 《论语·子路》。

正直的人，那人的父亲把邻居走丢的羊留下了，他向官府证明了这件事。而孔子则回答，他们那里正直的人不是这样的，“父为子隐，子为父隐，直在其中矣”①。叶公的说法乍看好像比孔子的更合理、更正义，其实不然。父子关系是天然的，父爱子，子孝父，天理如此，顺此而行则是自己内心真实的情感，也就是真正的正直；若有意去伤害，以大义相责备，则父子离心，家庭失睦，不祥莫大于此。在儒家看来，“门内之治恩掩义”，家事当以亲情为原则，兼顾正义，所以其父攘羊，其子应该“几谏”（以合适的方式不断地对父劝谏）。叶公向子路打听孔子是一个什么样的人，子路不知如何应对。孔子告诉子路可以这样描述自己：“其为人也，发愤忘食，乐以忘忧，不知老之将至云尔。”②“发愤忘食，乐以忘忧”，是极平常、极真实、极亲切之语。是年孔子六十三岁，而仅曰“老之将至”，又曰“不知老之将至”，则孔子当时大概可以说实无丝毫衰朽老意入其心中。“发愤忘食，乐以忘忧”，实已道出了孔子毕生志学好学，皇皇汲汲，志道乐道，矻矻孳孳，一番诚挚追求永无懈怠的心情。其生命，其年岁，其人，即全在其志学好学、志道乐道之无尽向往、无尽追求中。其所愤，所乐，亦全在此，除此以外则全可忘。人不可一日不食，在孔子心中，亦何尝一日忘忧。然所忧即在此学此道，即在此愤此乐之中。故孔子毕生，好像始终是一忘食忘忧之人，其实则只是一志学志道、好学乐道之人而已。

① 《论语·子路》。
② 《论语·述而》。

蔡地大概是孔子南下最远的地方，不久孔子即返回陈国。在陈国时，孔子曰："归与！归与！吾党之小子狂简，斐然成章，不知所以裁之。"①孔子慨叹，回去吧，回去吧，家乡的年轻人有进取大志，材质好但学养不足，还待我裁剪造就。孔子有志用世，然一路走来，道终不能行，乃欲一意在教育事业上造就人才，以备继我而起，见用于后世。于是他又返回卫国。卫国仍不能用孔子为政。

鲁哀公十一年（前484），鲁执政者季康子迎孔子归鲁。孔子时年六十八岁。自鲁定公十三年到鲁哀公十一年（前497—前484），孔子离开祖国，在外到处奔走流浪十四年，希望能实现自己仁政德治的政治理想，结果却是到处碰壁，"累累若丧家之犬"②，至于遭人嘲笑、断粮、遇险，更是常见。在这十四年间，孔子一行遇到不少避世而居的隐士，他们对现实政治完全失望，"滔滔者天下皆是也"③，并以此嘲笑孔子的汲汲求用。然孔子并非不知道这些，"道之不行，已知之矣"④，但在孔子看来，"鸟兽不可与同群"⑤，每个人正是在与他人的社会关系中，而不是在与鸟兽的关系中确认着自身的存在与价值。"君子之仕也，行其义也"⑥，纵然由于种种客观限制，道不能行，但君子仍当行道，此即君子之义。君子知道、明道，是君子的天职；若使君子不仕，

① 《论语·公冶长》。
② 《史记·孔子世家》。
③ 《论语·微子》。
④ 同上。
⑤ 同上。
⑥ 同上。

则道永无可行之可能。这也是孔子“知其不可而为之”的精神，饱含深沉而真挚的人类情怀！

孔子回到鲁国，已是六十八岁。自此直到他七十三岁去世，他的人生境界从“六十而耳顺”上升到“七十而从心所欲不逾矩”。所谓“耳顺”，是说对外界的各种事情都能明白贯通，不会感到违逆；所谓“从心所欲不逾矩”，是说任自己心中所想而行事，却能处处符合礼义，这也是真正的自由境界。回国后，鲁国尊孔子为国老，国家大政也会向孔子咨询，但只是虚与委蛇而已。在这五年中，孔子主要还是从事教育和整理文献的工作。孔子的夫人、儿子还有他的两个弟子颜回、子路都先他而亡。鲁哀公十四年（前481），颜回早逝，年仅四十一岁，是年孔子七十一岁。他哀叹道：“噫！天丧予！天丧予！”[①]子路在第二年死于卫国内乱，孔子哀叹：“噫！天祝予！”[②]颜回和子路都是孔子非常喜欢的弟子，好学深思，同自己患难与共，却在自己之前死去，孔子内心的沉痛真是无法想象。不久以后，孔子就病了。一天早晨，孔子拿拐杖站在门前，意态逍遥，很有感慨而又自信地吟唱道：“高高的泰山啊，快要崩颓了吧！挺直的梁柱啊，快要折断了吧！炯炯的哲人啊，快要枯亡了吧！”歌罢入门，他当户而坐，悠然长叹道：“我大概快死了吧！”自此卧床不起。七天后，即鲁哀公十六年夏历二月十一日（公元前479年4月11日），孔子去世，享年七十三岁。

① 《论语·先进》。

② 《春秋公羊传·哀公十四年》。

孔子去世后，葬在曲阜城北约一里路的泗水旁边。许多弟子都服心丧三年，又相对哭泣尽哀，才相别而去。独有子贡一人又留下来，在墓旁筑了茅舍继续守丧三年，才离开老师的坟墓。有些弟子和鲁国人因为追念孔子而把家搬到墓旁，于是人们就把这里叫作“孔里”。后来又把孔子的住房、讲堂以及弟子宿舍改为孔庙，用以纪念孔子并收藏孔子衣冠琴车等生前用物。儒生们世代在那里演习礼仪，至汉初犹存。孔子一生碰壁，无权无势，仅凭自己的学问、道德和人格赢得众多弟子和世人对他的深情爱戴。

（二）孔子的思想

我们了解孔子思想的最重要的文献是《论语》。《论语》是孔子应答弟子、时人及弟子相互问学的语录，当时弟子各有所记，孔子卒后，由其弟子及再传弟子收集编纂而成。该书直接记载孔子的言行，是了解孔子最可靠的材料。好的注本有宋朱熹的《论语集注》和近人程树德的《论语集释》，译本有近人钱穆的《论语新解》和杨伯峻的《论语译注》。另外，《左传》《孟子》《大戴礼记》《小戴礼记》《史记》《孔子家语》等书也记载有孔子的事迹与思想，但可靠性不如《论语》。

从整体上说，孔子的思想可以称为人学，是反思人性、认识人的意义和价值、追求人的普世幸福和崇高境界的学问，这里的“人”含有作为族群的人类以及作为个体的人两个面向。其基本思路是，以提高每一个社会成员的素质为基础，追求提高整个社会的文明水平。而每个社会成员素质的提高，又应从自己做起（“为己”），然后推己及人。[①]

具体而言，我们从以下几个方面来理解孔子的思想。面对当时“礼崩乐坏”“周文疲敝”的现状，孔子反思礼乐制度，将礼乐奠基于人心。在此基础上，创造性地发展了“仁”的观念，这是中华文明史上开天辟地的大事件。孔子论“仁”，强调“仁者爱人”，从不同角度阐发了“仁”的多重内涵，初步建立了“仁学”。孔子还反思了原始宗教，将传统上具有严格外在限制意义的天命观，加入“尽人事”的能动性和敬畏的人生态度。在对待鬼神上，他提倡“存而不论”的理性态度，强调人要专注于此世。孔子一生汲汲皇皇，力图通过政治改造社会，他提出“为政以德”“正名”等政治理念。政治上的失意并未影响教育英才上的巨大成功，孔子开平民教育之先，其“有教无类”“因材施教”“学而优则仕”的教育思想，成为我国古代人文教育的基本特质。孔子对士、君子、圣人进行了新的诠释，并将其转化为儒家道德生命的载体。孔子自述“述而不作”，花费大量心血在三代经典的整理上，使得这些经典成为中华文明的源泉。

由于对华夏文明的伟大贡献，孔子在古代被尊为“大成至圣先师”，对中国、东亚文化圈乃至世界文明产生了深远影响。

① 参见张岂之编《中国思想学说史・先秦卷》，第232页。

1. 郁郁周文

对于“述而不作，信而好古”[①]的孔子来说，他所继承的最重要传统是三代积累的礼乐文明，而面临的最大现状则是“周文疲敝”“礼崩乐坏”。至少在周代，礼已经成为规范整个社会政治、宗教、生活方式的普遍秩序。而现实世界中的礼崩乐坏则激发了孔子恢复周礼的使命感，同时也提供了全面探索礼乐秩序诸问题的契机。

“礼崩乐坏”很大程度上是因为周礼在当时已经僵化，徒具形式，成为冰冷烦琐、禁锢人性的教条了。对这种现象的反思，在《论语》之中就是关于“礼之本”的讨论：

> 林放问礼之本。子曰：“大哉问！礼，与其奢也，宁俭；丧，与其易也，宁戚。”[②]

在《论语》记载的众多提问中，似乎只有林放的问题赢得了孔子“大哉问”的评价，足见该问题在孔子心目中的重要性，也反映出当时不少有识之士已开始自觉地思考这一问题。物的贵贱多少乃是礼制不可或缺的一部分，但过分地看重财物，则会忽略更内在、更重要的东西。孔子“宁俭”“宁戚”的说法，显然是对过分重视礼的物化形式的批评，和外在形式上的奢华铺张相比，内心悲戚的情感才是更重要的。在这里，孔子指出了礼乐形式的背后是生命的感通、内在的真实

① 《论语·述而》。

② 《论语·八佾》。

情感和道德自觉。①

明确提到礼和人心之间的关系的，是孔子和宰我关于三年之丧的讨论：

> 宰我问："三年之丧，期已久矣。君子三年不为礼，礼必坏；三年不为乐，乐必崩。旧谷既没，新谷既升，钻燧改火，期（一年）可已矣。"子曰："食夫稻，衣夫锦，于女（你）安乎？"曰："安。""女安则为之！夫君子之居丧，食旨（美味）不甘，闻乐不乐，居处不安，故不为也。今女安，则为之！"宰我出。子曰："予（宰我）之不仁也！子生三年，然后免于父母之怀。夫三年之丧，天下之通丧也。予也有三年之爱于其父母乎？"②

宰我认为四季轮替，万象更新，为父母守丧一年足矣。孔子则把关注的重点从外部世界转移到内心，文中的"安"是指心安。父母去世，孝子会觉得自己锦衣玉食于心不安，这正是三年之丧的最终依据。孩子生下来三年后才能不需要父母抱在怀中，如果说这是出自父母对于子女之爱的话，那么三年之丧可以看作是子女对于父母之爱的回报，是子女对于父母之爱的体现。在孔子的理解中，这个回报涉及的不是利益，而是爱，发自内心的爱。正是这种爱成为三年之丧的最根本理由。

① 参见郭齐勇《中国哲学史》，第29页。

② 《论语·阳货》。

2. 仁者爱人

孔子把“礼”的基础直接诉诸人心的内在要求，把原来僵硬的强制规定提升为生活的自觉理念，他把这一关键因素称作“仁”。“人而不仁，如礼何？人而不仁，如乐何？”[①]这种说法足以表明仁与礼乐之间的关系。在孔子看来，只有仁才是礼和乐的基础，是礼乐活动合法性的根本。“仁”是孔子思想的核心观念，而对“仁”的阐释是孔子对中国文化最主要的贡献。孔子的仁学主要有以下内涵：

第一，以“爱人”为“仁”。“樊迟问仁。子曰：‘爱人。’问知。子曰：‘知人。’”[②]孔子主张仁智双彰，以爱人为仁，知人为智。孔子继承周公以来的人道主义传统，不仅反对人殉，甚至对以人形的木陶俑去陪葬都表示愤慨。有一次退朝回来，孔子闻知马厩被烧了，他首先问“伤人乎”，“不问马”[③]。孔子首先关心的是人，包括饲养马的普通劳动者，而不是马及马所代表的财产。这种爱人、同情人、关切人、尊重人——总之，把“人”当“人”，是“仁”的主旨。

当然，孔子和早期儒家主张的“爱”是有差等的爱。爱有差等是人之常情。人对自己的亲人的爱是自然真挚的情感。“子曰：弟子入则孝，出则弟，谨而信，汎爱众而亲仁。”[④]人应该首先爱自己的父母亲人，然后推而广之，广泛地爱众人。《礼记·中庸》记载了孔子答鲁哀公的一段

① 《论语·八佾》。
② 《论语·颜渊》。
③ 《论语·乡党》。
④ 《论语·学而》。

话："仁者，人也，亲亲为大；义者，宜也，尊贤为大。亲亲之杀（音晒，降等、减杀），尊贤之等，礼所生也。"这就是说，"仁"是人的类本质，是人之所以为人之道，是以亲爱亲人为起点的道德感，是孝敬父母等亲情的扩大，即推己及人。"义"是合宜、恰当之意，尊重贤人是社会之义的重要内容，这是敬爱兄长之心的扩充。"亲亲之杀"是说"亲亲"有亲疏近远等级上的差别，"尊贤之等"是说"尊贤"在德才禄位上也有尊卑高下的等级。"礼"就是以上"仁"（亲亲）和"义"（尊贤）之秩序、等第的具体化、形式化。

第二，"忠恕近仁"与"克己复礼"。"仁远乎哉？我欲仁，斯仁至矣。"①在孔子看来，求仁乃是一种内心的主动要求。只要有这种内心要求，仁，这种挚爱与尊重生命的心境随时随地都可产生。②

曾子说："夫子之道，忠恕而已矣。"③忠是尽己之心，"己欲立而立人，己欲达而达人"，自己要站得住，同时也启悟别人，让别人也站得住；自己通达了，也要帮助别人，让别人也通达。这是仁德的不容已的发挥。恕是推己之心，"己所不欲，勿施于人"，自己不想要的，绝不强加给别人。相对于忠道，恕道应用范围更广，孔子认为"恕"乃"一言而可以终身行之者"④，其精义在将心比心、尊敬人、体谅人。两者是仁道的一体两面，综合起来就叫忠恕之道或絜矩之道。在这

① 《论语·述而》。
② 参见张岂之编《中国思想学说史·先秦卷》，第243页。
③ 《论语·里仁》。
④ 《论语·卫灵公》。

里，他人不是无关之物，而是和自己血脉相连、痛痒相关的共存整体，每个人都发现自己生活在与他人的紧密关系中。①

“子曰：‘克己复礼为仁。一日克己复礼，天下归仁焉。为仁由己，而由人乎哉？’”②“克己”是约束、克制、修养自己的意思，“复礼”是合于礼的意思。礼是一定社会的规范、标准、制度、秩序，用来节制人们的行为，调和各种冲突，协调人际关系。一个稳定和谐的人间秩序总是需要一定的礼仪规范来调节的。礼随着时空的变化而变化。孔子重礼执礼，发觉礼之让、敬的内涵，一方面肯定“克己复礼”，主张“博学于文，约之以礼”③，即以礼修身，强调教养的重要性；另一方面则转向内在的道德自我的建立，强调“为仁由己”。儒家的学问是“为己之学”，而不是做样子给别人看的“为人之学”。通过“克己复礼”，外在的、被动的、约束性的礼仪规范与内在的、主动的、自觉自在的心理欲求合而为一，也就使得道德主体豁然挺拔，达到了“天下归仁”的生命境界。

第三，“仁”又指具有仁德的“仁者”。最高层次的“仁”，可以统摄义、礼、智、信等其他德目，在这种情况下，“仁”也就是“圣”了，是最高的人格境界。这是理想的近乎完美无缺的仁人，是一个永无止境的境界。所以孔子在这一层次上从不轻许人（包括他自己）为“仁”。第二个层次

---

① 参见王博《中国儒学史·先秦卷》，北京大学出版社2011年版，第74页。

② 《论语·颜渊》。

③ 《论语·雍也》。

的仁人叫“成人”（全人）。第三个层次的仁人叫君子，是超越自然人的道德人，即与小人儒相区别的君子儒。贤人与君子都是现实人，都有自然欲求，只是在精神境界的追求上超越了自然与功利。

总之，“仁”是孔子思想的核心，孔子思想中的其他观念可以统摄于其下，这也体现了孔子思想的一致性。孔子的仁学思想从人的鲜活真切的情感生命处建立，使得整个孔子思想蔚为大观，也是儒学发展的源头活水。

3. 天道性命

人之为人，不能没有超越的向往，即终极关怀，亦即支撑生命的信仰、信念。孔子继承了三代天命观念的大传统，他说：“获罪于天，无所祷也。”①“道之将行也与，命也；道之将废也与，命也。”②“不知命，无以为君子也。”③“君子有三畏：畏天命，畏大人，畏圣人之言。”④孔子一方面保留了天的神秘性和对于天、天命的信仰、敬畏，另一方面又修正了周代关于天帝、天命只与天子、诸侯、大夫等贵族阶级有关的看法，而使每一君子直面天命，在人生的道路上由“畏天命”进而“知天命”，这就肯定了个人所具有的宗教性要求。

① 《论语·八佾》。
② 《论语·宪问》。
③ 《论语·尧曰》。
④ 《论语·季氏》。

"天"关涉人的类本质和类特性，首先是宗教性和道德性。

> 子曰："予欲无言。"子贡曰："子如不言，则小子何述焉。"子曰："天何言哉！四时行焉，百物生焉。天何言哉！"①
>
> 子曰："天生德于予，桓魋其如予何？"②

在孔子看来，天并不是人格神，但却能创生万物，使得天地都生机勃勃，有序运行，"四时行焉，百物生焉"；而且天还是价值之源，正是天赋予我们美好的德行。

在孔子那里，天还有客观的、外在的限制这一层意思：

> 子曰："道之将行也与？命也。道之将废也与？命也。公伯寮其如命何！"③
>
> 伯牛有疾，子问之，自牖执其手，曰："亡之，命矣夫！斯人也而有斯疾也！斯人也而有斯疾也！"④
>
> 颜渊死。子曰："噫！天丧予！天丧予！"⑤

相对于人而言，天（命）代表来自外部的某种限制和规定，

① 《论语·阳货》。
② 《论语·述而》。
③ 《论语·宪问》。
④ 《论语·雍也》。
⑤ 《论语·先进》。

并在终极意义上体现人之无可奈何的处境。在对命运的肯定之中，我们发现了人力的限度。但对命运的肯定绝不代表如墨子所说的宿命论。事实上，“限制”“限定”意义上的命只是儒家天命论的一方面，另一方面则是“义”，义命合一才是完整的儒家天命观。义即道义，也是“宜”（合宜、恰当），是天所命而在我者。《孟子·万章上》记载：

> 万章问曰：“或谓孔子于卫主痈疽，于齐主侍人瘠环，有诸乎？”
>
> 孟子曰：“否，不然也。好事者为之也。于卫主颜雠由。弥子之妻与子路之妻，兄弟也。弥子谓子路曰：‘孔子主我，卫卿可得也。’子路以告。孔子曰：‘有命。’孔子进以礼，退以义，得之不得曰‘有命’。而主痈疽与侍人瘠环，是无义无命也。……”

这就是说，义之所在，即命之所在。所以，纵然有外在的限制，若道之能行，则“用之则行”，有所作为，固然是义之当然；若道之不行，则承担此种结果，而“舍之则藏”，也是义之所当然。反之，如道不可行，而枉尺直寻，以求行道，或怨天尤人，这就违背了君子之义。

进而，孔子强调“知天命”“畏天命”。孔子自述“五十而知天命”[①]；“不知命，无以为君子也”[②]。所知即是无论

① 《论语·为政》。
② 《论语·尧曰》。

道之兴废，君子应该行之以义。而“畏天命”实是因为义之所在即命之所在，义命皆无丝毫不善，君子于此能自觉理解其生命依傍“义”而奋发不止，天命的流行昭显不已，其源头好像无穷无尽，浩漫无边，则敬畏之感油然而生。敬畏天命，也就是敬畏君子的志向和仁道。于是，天和人在这里是打通的，君子能在人事活动中，特别是道德践履中体认天命，做到“不怨天，不尤人，下学而上达，知我者其天乎”①。正因为生命有了这一超越的理据，所以儒者才有了积极有为的担当意识和超越生死的洒脱态度：“人能弘道，非道弘人”②；“志士仁人，无求生以害仁，有杀身以成仁”③；“朝闻道，夕死可矣”④；“三军可夺帅也，匹夫不可夺志也”⑤；“不降其志，不辱其身”⑥。如上所说，孔子的人性、天命、天道的思想有深刻的哲学形上学与宗教的终极关怀的内容。⑦

孔子对传统的鬼神和祭祀观念作了发展：

> 子曰：“非其鬼而祭之，谄也。”⑧
>
> 祭如在，祭神如神在。子曰：“吾不与祭，如不祭。”⑨

---

① 《论语·宪问》。
② 《论语·卫灵公》。
③ 同上。
④ 《论语·里仁》。
⑤ 《论语·子罕》。
⑥ 《论语·微子》。
⑦ 参见郭齐勇《中国哲学史》，第26页。
⑧ 《论语·为政》。
⑨ 《论语·八佾》。

樊迟问知。子曰："务民之义，敬鬼神而远之，可谓知矣。"①

子不语怪、力、乱、神。②

季路问事鬼神。子曰："未能事人，焉能事鬼？"敢问死。曰："未知生，焉知死？"③

对于鬼神，孔子既不肯定其存在也不否定其存在，而是强调敬而远之。事实上，在当时甚至后世的条件下，肯定或否定鬼神都很难在理论上予以确证，肯定或否定实际上都只是一种信仰或信念，孔子处理这个问题于"存而不论"之列，是相当高明的回避策略。④鬼神之于人的意义在于祭祀，而祭祀则在于祭祀者的心理满足（心安），培养增进人的道德（诚敬等）。在这里突出地体现了孔子和儒家的理性精神：不是用某种神秘的狂热，而是用冷静的、现实的、合理的态度来解说和对待事物和传统；不是禁欲或纵欲式地扼杀或放任情感欲望，而是用理智来引导、满足、节制情欲；不是对人对己的虚无主义或利己主义，而是在人道和人格的追求中取得某种均衡。

4. 天下有道

我们知道，孔子一生都在汲汲于求仕以行其道，故而政

① 《论语·雍也》。
② 《论语·述而》。
③ 《论语·先进》。
④ 参见李泽厚《中国古代思想史论》，第23页。

治在其思想中有着重要地位。孔子一直关心社会的治乱，想变“天下无道”为“天下有道”，维护社会的长治久安。孔子继承了西周以来“敬德保民”的政治思想，将其发展为“德治”：

> 子曰：“为政以德，譬如北辰居其所而众星共之。”①
>
> 子曰：“道之以政，齐之以刑，民免而无耻；道之以德，齐之以礼，有耻且格。”②

孔子将刑政和德礼对言，认为只是行使刑政，则百姓只会免于犯罪，但会投机取巧，没有道德感，不能自律。相反，如果能以“德”来引导百姓，并用“礼”来规范他们，则其自然会生起羞耻心并且进至于善，也就会自觉地自律了。

对于统治者，孔子要求他们自身具有德行，能以身作则：

> 季康子问政于孔子。孔子对曰：“政者，正也。子帅以正，孰敢不正？”③
>
> 季康子患盗，问于孔子。孔子对曰：“苟子之不欲，虽赏之不窃。”④
>
> 季康子问政于孔子曰：“如杀无道，以就有

① 《论语·为政》。
② 同上。
③ 《论语·颜渊》。
④ 同上。

道，何如？”孔子对曰：“子为政，焉用杀？子欲善，而民善矣。君子之德风，小人之德草。草上之风，必偃。”①

樊迟请学稼，子曰：“吾不如老农。”请学为圃。曰：“吾不如老圃。”樊迟出。子曰：“小人哉，樊须也！上好礼，则民莫敢不敬；上好义，则民莫敢不服；上好信，则民莫敢不用情。夫如是，则四方之民襁负其子而至矣，焉用稼？”②

子曰：“其身正，不令而行；其不正，虽令不从。”③

政者正也，为政者能先正己，树立良好的榜样，便是好的政治的开端。

对于普通百姓，统治者在施政中应该有一个循序渐进的过程：

子适卫，冉有仆。子曰：“庶矣哉！”冉有曰：“既庶矣。又何加焉？”曰：“富之。”曰：“既富矣，又何加焉？”曰：“教之。”④

孔子赞叹卫国人口众多，并提出应进一步“富之”“教之”。在这里，孔子首先肯定了普通民众的正常物质欲求，那就是繁

① 《论语·颜渊》。
② 《论语·子路》。
③ 同上。
④ 同上。

衍人口并富裕有足。但孔子并不就此满足，还进一步要求统治者对民众施行教化，使之进于礼乐，自觉地免于刑罚，和乐安康地生活。

选贤用能也是孔子政治思想的一大内容。孔子告诉仲弓如何为政："先有司，赦小过，举贤才。"①孔子突破了当时官职世袭的禁锢，主张用人应该考察德才，而不是依据出身的尊卑贵贱。他在谈论仲弓时说："犁牛之子骍且角，虽欲勿用，山川其舍诸？"②耕牛卑贱，不可用于祭祀；不过假如有小耕牛生着赤色的毛、周正的角，虽然人们不想用它来祭祀，但山川之神绝不会拒绝它的。这是比喻的说法，仲弓的父亲卑贱而有恶行，但并不能因此而废弃仲弓的德才。孔子甚至还说过："雍也可使南面。"③仲弓的德才甚至可以南面为君。

5. 教书育人

孔子改造当时政治的一大途径就是通过教育培养合格的人才。他从三十岁左右开始收徒讲学，直到去世，一生大部分时间都孜孜育人。孔子是世界上最伟大的教育家之一。他的教育思想是和他的仁学思想、政治观念紧密结合在一起的。这一点在"儒学教育论"一章中已作详细说明，兹不赘述。

---

① 《论语·子路》。
② 《论语·雍也》。
③ 同上。

6. 理想人格

孔门教育的直接目标便是培养有德的士君子。[①]士和君子是很古老的称谓，在孔子以前，士是贵族阶层的一级，其地位居于大夫之下，庶人（平民）之上。孔子对其进行了新的阐释，在孔门关于士的讨论中，地位已不是最重要的东西，德行和政事成为最主要的内容。《论语·子路》篇记载：

> 子贡问曰："何如斯可谓之士矣？"子曰："行己有耻，使于四方，不辱君命，可谓士矣。"曰："敢问其次。"曰："宗族称孝焉，乡党称弟焉。"曰："敢问其次。"曰："言必信，行必果，硁硁然小人哉！抑亦可以为次矣。"曰："今之从政者何如？"子曰："噫！斗筲之人，何足算也。"

孔子将士分为三个层次：理想的是德行和政治都很突出；其次是在宗族乡党处理好人伦关系，有着为人称道的德行；再次是"言必信，行必果"，虽然以"小人"称之，但其执着也有可取之处。至于在位的"今之从政者"则是完全不足称道。这里很明显地把士和一般的从政者区分开了，这与士作为潜在的从政者角色有关。从整体上说，儒家希望塑造一个道德的政治，士的重新理解就是此种道德政治的一个侧面。

比较起来，对君子意义的讨论是孔门更加热心的内容。

① 参见王博《中国儒学史·先秦卷》，第87—93页。

美国学者狄百瑞认为："《论语》的魅力之所以经久不衰，并不在于它阐释了一套哲学或者思想体系，而是在于它通过孔子展现了一个动人的君子形象。"①如学者们普遍承认的，在春秋时代以前，君子主要是一个表达身份和地位的称呼，基本上是指贵族而言。但在孔门之中，它却主要从道德方面进行了理解。学者们几乎都承认，正是孔子和他的弟子们促成了"君子"意义从身份到成德的转变。

与君子相对的词语主要是小人。《论语》中多有君子与小人对举的例子，如：

> 子曰："君子周而不比，小人比而不周。"②
>
> 子曰："君子喻于义，小人喻于利。"③
>
> 子曰："君子坦荡荡，小人长戚戚。"④
>
> 子曰："君子和而不同，小人同而不和。"⑤
>
> 子曰："君子泰而不骄，小人骄而不泰。"⑥

这里出现的君子和小人的用法，显然已经完全脱离了传统意义上地位和身份的内涵，而主要表示人格生命的高下。

儒家最高的人格理想是圣人，乃是人伦之至。或许正由于其高不可攀，所以孔子与其弟子对此很少讨论。仅有的几处如：

---

① （美）狄百瑞著，黄水婴译：《儒家的困境》，北京大学出版社2009年版，第34页。
② 《论语·为政》。
③ 《论语·里仁》。
④ 《论语·述而》。
⑤ 《论语·子路》。
⑥ 同上。

子贡曰："如有博施于民，而能济众，何如？可谓仁乎？"子曰："何事于仁，必也圣乎！尧舜其犹病诸！夫仁者，己欲立而立人，己欲达而达人。能近取譬，可谓仁之方也已。"①

子曰："圣人，吾不得而见之矣；得见君子者，斯可矣。"②

子曰："若圣与仁，则吾岂敢？抑为之不厌，诲人不倦，则可谓云尔已矣。"③

这主要是渲染圣人的不可企及。圣人所需要的不仅仅是德，还要有大功于民，而后者是离不开相应的地位的，所以对一般人而言，比较现实的追求是成为一个"仁者"。

7. 整理典籍

孔子晚年除了教育英才以外，还系统地整理了当时尚存的古代文献。孔子和儒家有一个很大的特点，就是重视古代传下来的经典，并在学习和解释之中发挥自己的主张。孔子与六经的关系，在"儒学教育论"一章中已经有简略的讨论。对于经典，孔子强调自己"述而不作"，但在传述过程中就产生了新的意义，"作"就在"述"中。

① 《论语·雍也》。
② 《论语·述而》。
③ 同上。

孔子整理文献的成果便是“六经”：《诗》《书》《礼》《乐》《易》《春秋》。孔子整理“六经”的原则大概有以下几个：一是以“仁”的思想为总原则。“六经”并不是简单的上古史料汇编，而是有其传道的任务。二是“不语怪、力、乱、神”。上古多迷信，但我们今天看到的“五经”中很少有神怪荒诞的内容，应该与孔子的整理有很大关系。三是“述而不作”，这在很大程度上保留了原有文献的内容以及风格，体现了忠于学术的态度。四是“放淫声”，删削掉那些过分彰显情感欲望的文献。[①]

《诗》是孔子和弟子们讨论最多的一部经典，也被认为是应该最早学习的一部，“不学《诗》，无以言”[②]。孔子自述：“吾自卫反鲁，然后乐正，雅、颂各得其所”[③]。现在一般认为孔子对《诗》做过搜集、整理、校订工作，但并没有充分证据证明孔子曾删削过《诗》。[④]《诗》是一个情感的世界，但更重要的，它是一个伦理和秩序的世界。故而在《诗》中包含着儒家理想的生命形象，一个有情有义的君子。[⑤]

《书》是上古政治资料的汇编，今称《尚书》。孔子和弟子们关于《书》的讨论不多。据说孔子也搜访到了三千多篇，《史记·孔子世家》记载：“序《书》传，上纪唐虞之际，下至秦缪，编次其事。”经孔子编纂的《尚书》本来

① 参见匡亚民《孔子评传》，南京大学出版社1990年版，第328—335页。

② 《论语·季氏》。

③ 《论语·子罕》。

④ 参见匡亚民《孔子评传》，第337页。

⑤ 参见王博《中国儒学史·先秦卷》，第84页。

有一百篇，却因秦朝焚书政策亡佚了大半，至汉初伏生所传《尚书》只剩二十八篇。《尚书》中记载的很多上古政治思想，如“敬德保民”等，为孔子等人所继承。

《礼》是孔子教学的重要内容。孔子对礼也的确下过工夫。他说：“夏礼，吾能言之，杞不足征也；殷礼，吾能言之，宋不足征也。文献不足故也。足，则吾能征之矣。”[①]目前所存的礼书中，《礼记》明显是孔子之后儒家关于礼的解说；《周礼》的年代一直颇有争议，学者多认为其出自战国时代甚至之后；可以作为礼经的只有《仪礼》，《礼记》中明显有很多解释它的内容，而也只有《仪礼》有史籍明确记载和孔子有关系。

孔子对于乐的热爱是看过《论语》的读者能强烈感受到的，并且孔子也极为精通乐理。孔子自述：“吾自卫反鲁，然后乐正，雅、颂各得其所”[②]。《史记·孔子世家》记载：“三百五篇，孔子皆弦歌之，以求合韶武雅颂之音。”所谓“正乐”，大概是订正乐谱音律，并与《诗》结合起来演奏。《乐》自秦火以后便不传于世，其详情也就无从知晓了。

《易》是一部卜筮之书。孔子与《易》的关系也比较复杂。现存《周易》包括两部分，即《易经》和《易传》。传统的说法是：伏羲作八卦，文王作卦辞，周公作爻辞，孔子作十翼（即《易传》）。对于这种说法，后世颇多争议。现在一般认为：八卦符号起源于民间占卜，卦爻辞作于殷周

① 《论语·八佾》。
② 《论语·子罕》。

之际，十翼成于战国至西汉初年。《史记·孔子世家》记载："孔子晚而喜易，序彖、系、象、说卦、文言。读易，韦编三绝。"《论语·述而》篇记载："子曰：'加我数年，五十以学《易》，可以无大过矣。"出土文献马王堆帛书《要》同样也指出了孔子晚而喜《易》。《要》篇记载孔子和子贡的对话，特别指出孔子学《易》乃是观其德义，和占卜无关。这一点是相当符合孔子人文理性思想的。所以，我们一般认为，孔子晚年确实钻研过《易》，并且进行过讲授，在讲授过程中可能作过整理，加入了自己的体会和理解。

《春秋》是我国第一部编年体史书，记载了春秋时代二百四十二年的历史。《论语》中没有反映孔子和《春秋》关系的痕迹。最早明确记载《春秋》由孔子所作的是孟子：

> 世道衰微，邪说暴行有作，臣弑其君者有之，子弑其父者有之。孔子惧，作《春秋》。《春秋》，天子之事也。是故孔子曰："知我者，其惟《春秋》乎！罪我者，其惟《春秋》乎！"①
>
> 孔子成《春秋》而乱臣贼子惧。②
>
> 王者之迹熄而《诗》亡，《诗》亡然后《春秋》作。晋之《乘》，楚之《梼杌》，鲁之《春秋》，一也。其事则齐桓、晋文，其文则史。孔子曰："其义则丘窃取之矣。"③

① 《孟子·滕文公下》。
② 同上。
③ 《孟子·离娄下》。

司马迁也说，孔子“因史记作《春秋》”，“《春秋》之义行，则天下乱臣贼子惧焉”，“为《春秋》，笔则笔，削则削，子夏之徒不能赞一辞”[①]。孔子与《春秋》关系密切，这已经得到了大多数学者的证实。经过孔子笔削而成的《春秋》，是不同于早先的鲁国国史《春秋》的，其中加进了孟子所说的“义”，即后来春秋学家们所谓的“微言大义”和“春秋笔法”。孔子晚年修成的《春秋》，简约古朴，故而后来又有“三传”（《公羊传》《穀梁传》《左传》）对其进行补充阐释。

总之，孔子不仅通过整理“六经”（现存“五经”）阐发了自己的思想，也因此使得上古的政治、经济和文化资料得以保存，奠定了中华文明最根本的文献基础。

8. 宗师仲尼

孔子在世之时，就有贤人称之为“天之木铎”“圣”。他最得意的弟子颜回这样赞美老师：

> 颜渊喟然叹曰：“仰之弥高，钻之弥坚；瞻之在前，忽焉在后。夫子循循然善诱人，博我以文，约我以礼。欲罢不能，既竭吾才，如有所立卓尔。虽欲从之，末由也已。”[②]

① 《史记·孔子世家》。
② 《论语·子罕》。

从这里我们可以感受到弟子心目中孔子的伟大形象及其教化和感召的力量。到战国时期，孟子认为孔子是“圣之时者也”“集大成者”①，因此才有“乃所愿，则学孔子也”②的表白。晚于孟子的荀子，虽然对孟子很不满意，但对于宗师仲尼，却抱有和孟子同样的敬意。可见儒家内部无论有多么重大的差异甚至激烈的冲突，他们对于孔子的尊崇都是一致的。孔子开创的儒家也影响了战国时期的诸子百家，诸子在一定程度上可以说正是以儒家为参照系而纷纷崛起的。

后世对孔子评价比较有代表性的是汉代司马迁：

> 太史公曰：诗有之：“高山仰止，景行行止。”虽不能至，然心乡往之。余读孔氏书，想见其为人。适鲁，观仲尼庙堂车服礼器，诸生以时习礼其家，余祗回留之不能去云。天下君王至于贤人众矣，当时则荣，没则已焉。孔子布衣，传十余世，学者宗之。自天子王侯，中国言六艺者折中于夫子，可谓至圣矣！③

司马迁以一个杰出的史学家的身份，在《史记》中将孔子列入“世家”，仅排在先秦各诸侯世家之后，并予以高度评价。

自汉武帝“罢黜百家，独尊儒术”之后，孔子在两千多

① 《孟子·万章下》。
② 《孟子·公孙丑上》。
③ 《史记·孔子世家》。

年的中央集权国家中的地位不断上升，封圣封王，逐渐丧失了孔子原本的面目，成了统治者利用的偶像。及至近现代，由于中国落后于西方，有不少国人将古老中国的一切罪恶都归咎于儒家和孔子，于是各种反儒反孔的运动层出不穷，孔子被极其严重地污名化、妖魔化。现代社会，随着时代的变化，有责任感的国人也开始反思对孔子、对儒学、对传统的评价，这是很大的发展。

近现代著名史学家钱穆先生这样评价孔子：

> 孔子为中国历史上第一大圣人。在孔子以前，中国历史文化当已有两千五百年以上之积累，而孔子集其大成。在孔子以后，中国历史文化又复有两千五百年以上之演进，而孔子开其新统。在此五千多年，中国历史进程之指示，中国文化理想之建立，具有最深影响最大贡献者，殆无人堪与孔子相比伦。①

斯言诚哉！中国自孔子以后的所有文化系统，无论是支持、反对还是调和儒家，没有不以孔子所开创的儒家为参照系的。孔子所开创的儒家思想，散布在社会的各个角落，在最根本处影响着每个华夏儿女。孔子的思想，是中华民族宝贵的精神财富。

① 钱穆：《孔子传》，九州出版社2011年版，第1页。

三、孔门后学

《史记·孔子世家》记载："孔子以《诗》《书》《礼》《乐》教，弟子盖三千焉，身通六艺者七十有二人。"在《仲尼弟子列传》中则说："受业身通者七十有七人。"故史称三千弟子、七十二贤人。但现代学者一般认为孔子弟子应该不至于有三千之数，七十二也是虚数，大概其弟子总数也就七十多位，故一般称孔子弟子为"七十子"。孔子曾评价其弟子："德行：颜渊，闵子骞，冉伯牛，仲弓。言语：宰我，子贡。政事：冉有，季路。文学：子游，子夏。"①这十位再加上颛孙师（字子张）、有若（字子有）和曾参，基本上就是孔门最主要的弟子。

1. 颜回

颜回，鲁人，字子渊，亦称颜渊，少孔子三十岁。颜渊乃孔子最欣赏的弟子，被列为"德行"之首。后世历代大儒都对其推崇备至，推许他最接近孔子的境界。

颜渊一生清贫，却能够修养自己的道德，乐在其中。孔子曾赞美道："贤哉，回也！一箪食，一瓢饮，在陋巷。人不堪其忧，回也不改其乐。贤哉，回也！"②孔子也曾自述："饭疏食饮水，曲肱而枕之，乐亦在其中矣。不义而富且

① 《论语·先进》。
② 《论语·雍也》。

贵，于我如浮云。”[1]颜渊的“乐”和孔子的“乐”是一脉相承的，而孔颜之乐的美好境界永远令一代代大儒为之心驰神往。

颜渊大概是孔门之中最好学、最善学之人了，可谓深得孔子真传。孔子极少以“仁”许人，尤其是对自己的学生往往评为“不知其仁”，但是却大赞颜渊：

> 子曰：“回也，其心三月不违仁，其余则日月至焉而已矣。”[2]
>
> 子谓颜渊，曰：“惜乎！吾见其进也，未见其止也。”[3]
>
> 子曰：“语之而不惰者，其回也与！”[4]
>
> 子谓子贡曰：“女与回也孰愈？”对曰：“赐也何敢望回。回也闻一以知十，赐也闻一以知二。”子曰：“弗如也！吾与女弗如也。”[5]
>
> 季康子问：“弟子孰为好学？”孔子对曰：“有颜回者好学，不幸短命死矣！今也则亡。”[6]
>
> 子曰：“吾与回言终日，不违如愚。退而省其私，亦足以发。回也不愚。”[7]

① 《论语·述而》。
② 《论语·雍也》。
③ 《论语·子罕》。
④ 同上。
⑤ 《论语·公冶长》。
⑥ 《论语·先进》。
⑦ 《论语·为政》。

其他弟子只是偶尔能做到“仁”，但颜渊却能长时间保持“仁”的境界。求道亦如逆水行舟，不进则退，颜渊就是一直进步，没见他停下来。颜渊好学不倦，勤于思考，故而能勇猛精进，闻一知十。

颜回的好学和在德行上的精进，使他能够与孔子相互理解，互为知己，惺惺相惜：

> 子谓颜渊曰：“用之则行，舍之则藏，惟我与尔有是夫！”⑧
>
> 子畏于匡，颜渊后。子曰：“吾以女为死矣。”曰：“子在，回何敢死？”⑨
>
> 颜渊死。子曰：“噫！天丧予！天丧予！”⑩
>
> 颜渊死，子哭之恸。从者曰：“子恸矣。”曰：“有恸乎？非夫人之为恸而谁为！”⑪
>
> （孔子一行于陈蔡间）不得行，绝粮。从者病，莫能兴……孔子曰：“回，诗云‘匪兕匪虎，率彼旷野’。吾道非邪？吾何为于此？”颜回曰：“夫子之道至大，故天下莫能容。虽然，夫子推而行之，不容何病？不容然后见君子！夫道之不修也，是吾丑也；夫道既已大修而不用，是有国者之丑也。不容何病？不容然后见君子！”孔子欣然而笑曰：“有是哉颜氏

---

⑧《论语·述而》。

⑨《论语·先进》。

⑩ 同上。

⑪ 同上。

之子！使尔多财，吾为尔宰。”①

“不容何病？不容然后见君子！”多么铿锵有力的告白！在那种生死绝境之下，孔子纵然无所畏惧，但如果没有颜渊的这番理解，该是多么的孤独！故而颜渊不幸早逝的时候，夫子痛哭欲绝，他所丧失的不仅仅是亲如儿子的弟子，更是一位知己。

由于颜渊早逝，其思想并没有过多地流传影响后世，有些学者认为他可能对庄子产生过影响。另外，《韩非子·显学》中记载“儒分为八”，其中就有“颜氏之儒”，但并没有确凿证据证明这就是颜渊的学派。

2. 子路

仲由，卞（山东）人，字子路，亦称季路，少孔子九岁。他性格鲜明，深受孔子以及后世喜爱。

子路出身寒微，“卞之野人也”②。他年轻时，曾“冠雄鸡，佩猳豚，陵暴孔子”，“孔子设礼稍诱子路，子路后儒服委质，因门人请为弟子”③。但其“性鄙，好勇力，志伉直”④的脾性却未改。

子路好勇。在诸弟子中他是唯一“问勇”的：“子路

① 《史记·孔子世家》。
② 《韩诗外传》。
③ 《史记·仲尼弟子列传》。
④ 同上。

曰：‘君子尚勇乎？’”[①]《礼记·中庸》也记载：“子路问强。”孔子曾言道：“由也好勇过我。”楚国令尹子西也曾说：“王之将率有如子路者乎？”[②]意指偌大的楚国还没有一位将帅能像子路那样勇猛。

子路直爽，行事果敢，一诺千金。《孟子·公孙丑上》记载：“子路，人告之以有过则喜。”他听到别人指出自己的过错就很高兴，勇于改过，精进不已。“子曰：‘片言可以折狱者，其由也与？’子路无宿诺。”[③]子路忠信，决无诬妄，即听其一面之辞，亦可凭以断狱。他急于履行自己的诺言，绝不拖延。唯其平日不轻易许诺，一旦承诺必定履行，久而久之人人皆信服于他，故可听其一语即以折狱。[④]“子路有闻，未之能行，唯恐有闻。”[⑤]子路听到一项道理，若未能立即施行，唯恐又听到另一种说法。《左传·哀公十四年》记载：“小邾射以句绎来奔，曰：‘使季路要我，吾无盟矣。’使子路，子路辞。季康子使冉有谓之曰：‘千乘之国，不信其盟，而信子之言，子何辱焉？’对曰：‘鲁有事于小邾，不敢问故，死其城下可也。彼不臣而济其言，是义之也。由弗能。’”一个城邦，不愿意和堂堂鲁国盟誓，而只求子路一诺，可见子路之守信。但子路还是推辞了，因为他知道鲁国将不利于句绎，故而自己的诺言将会兑现不了，一个君子是

---

① 《论语·阳货》。

② 《史记·孔子世家》。

③ 《论语·颜渊》。

④ 参见钱穆《论语新解》，第359页。

⑤ 《论语·公冶长》。

不会轻易许诺他人的！

子路很爱戴自己的老师，也很忠心。孔子困厄于匡时子路还奋戟欲保护孔子。孔子病了，他会真诚地为老师祈祷。孔子也喜欢和信任子路。孔子曰："自吾得由，恶言不闻于耳。"①子路不许人诬蔑自己的老师。

据《史记·仲尼弟子列传》记载，孔子去世前两年，子路六十三岁，任卫国大夫孔悝的家臣。当时卫国内乱，他本来完全可以避难，但他忠于职守，"食其食者不避其难"，遂前往奋勇保护孔悝。在和敌方搏斗时帽子上的缨被击断，他却仍然记着老师的教诲："君子死而冠不免。"于是结缨后继续战斗，终寡不敌众被砍为肉酱。子路之死对孔子打击很大，他非常悲痛。"孔子哭子路于中庭。有人吊者，而夫子拜之。既哭，进使者而问故。使者曰：'醢之矣！'遂命覆醢。"②《公羊传》载孔子悲叹："天祝（断）予！"

3. 子贡

端木赐，卫人，字子贡，少孔子三十一岁。《论语》中孔子与学生的问答，以子贡为最多。子贡能言善辩，以口才著称，为"言语"科的优秀者。

子贡是孔门培养出来的外交家。当"田常欲作乱于齐，惮高、国、鲍、晏，故移其兵欲以伐鲁"之时，孔子欲救父母之国，于是"子路请出，孔子止之。子张、子石请行，孔

① 《史记·仲尼弟子列传》。

② 《礼记·檀弓上》。

子弗许。子贡请行，孔子许之”①。子贡赴齐、吴、越、晋四国游说外交，折冲樽俎，大获成功。《史记》评论：“故子贡一出，存鲁，乱齐，破吴，强晋而霸越；子贡一使，使势相破，十年之中，五国各有变。”这个故事的真实性尚且存疑，但也可见子贡能言的美名了。

子贡还是当时著名的商人，孔子曾说：“赐不受命，而货殖焉，亿则屡中。”②看来子贡能准确地预测市场供需走势。由于他在经商方面的天才，后世民间常将其作为财神而供奉。

子贡对老师孔子的感情非常深厚。每当有人认为他自己比孔子贤良甚至诋毁孔子时，子贡一定坚决地予以辨正，忠实维护孔子的声望和地位：

> 叔孙武叔毁仲尼。子贡曰：“无以为也，仲尼不可毁也。他人之贤者，丘陵也，犹可逾也；仲尼，日月也，无得而逾焉。人虽欲自绝，其何伤于日月乎？多见其不知量也！”③

《史记·孔子世家》记载：“孔子葬鲁城北泗上，弟子皆服三年。三年心丧毕，相诀而去，则哭，各复尽哀；或复留。”唯有子贡“庐于冢上，凡六年，然后去”。

① 《史记·仲尼弟子列传》。
② 《论语·先进》。
③ 《论语·子张》。

4. 闵子骞

闵损，字子骞，鲁人，少孔子十五岁，列“德行”科。《论语》唯独对闵子骞只称其字而不称其名，可见他的德行在众同门中的地位。闵子骞和颜渊一样终身不仕，并且是孔门中唯一明确主张不做官的人。季氏想请闵子骞为费地长官。闵子骞曰：“善为我辞焉。如有复我者，则吾必在汶上矣。”[①]他“不仕大夫，不食汙君之禄”[②]。孔子称赞他“孝”：“孝哉闵子骞！人不间于其父母昆弟之言。”[③]

5. 伯牛

冉耕，字伯牛，鲁人，少孔子七岁，列“德行”科。“伯牛有疾，子问之，自牖执其手，曰：‘亡之，命矣夫！斯人也而有斯疾也！斯人也而有斯疾也！’”[④]孔子重复叹言：“这样的人竟然会得这样的恶疾！”痛惜之情，溢于言表。孟子认为他和颜渊、闵子骞都已经有圣人的气象而稍有粗略，此评价很高。

6. 仲弓

冉雍，字仲弓，少孔子二十九岁，列“德行”科。冉雍出身底层贫寒之家，其父身份卑贱。但是孔子很看重他，认

① 《论语·雍也》。
② 《史记·仲尼弟子列传》。
③ 《论语·先进》。
④ 《论语·雍也》。

为“雍也可使南面”，即当一方诸侯。冉雍曾任季氏宰，主张为政“居敬行简”。

7. 子有

冉求，字子有，鲁人，少孔子二十九岁，列“政事”科。孔子认为“求也艺”[①]，多才多能；“求也，千室之邑，百乘之家，可使为之宰也”[②]。冉求长于政事，曾任季氏宰。他曾率领军队与齐国作战并得胜，并趁此机会说服鲁国执政季康子迎回在外流亡十四年的孔子。冉求虽然已经在位，担负着孔门行道的重任，但他只是季康子的家臣而已，必须面对现实政治，和昏聩的上司虚与委蛇。这样，他所行政事并不都合于道，所以孔子对他有着相当严厉的批评。冉求帮助季氏聚敛，孔子非常气愤：“非吾徒也！小子鸣鼓而攻之可也！”[③]当季氏将伐颛臾时，孔子也指责：“求！无乃尔是过与？”[④]不过，批评归批评，并没有因此影响师生之间的感情，冉求还是经常去拜见老师。

8. 子游

言偃，字子游，鲁人，少孔子四十五岁，列“文学”科。这里的“文学”不是后世所谓的“文学”，乃是指先王的典籍之类。子游笃信孔子，为武城宰，以礼乐治民。孔

① 《论语·雍也》。
② 《论语·公冶长》。
③ 《论语·先进》。
④ 《论语·季氏》。

子路过，“闻弦歌之声。夫子莞尔而笑，曰：‘割鸡焉用牛刀？’子游对曰：‘昔者偃也闻诸夫子曰：“君子学道则爱人，小人学道则易使也。”’子曰：‘二三子！偃之言是也。前言戏之耳。’”①

孔子去世后，子游自己授徒讲学，其后学在战国形成了一个有影响力的学派，受到了荀子的批判。

9. 子夏

卜商，卫人，字子夏，少孔子四十四岁，与子游同列“文学”科。子夏与孔子讨论问题都具有一定深度，甚得孔子赏识：

> 子夏问曰：“‘巧笑倩兮，美目盼兮，素以为绚兮。’何谓也？”子曰：“绘事后素。”曰：“礼后乎？”子曰：“起予者商也！始可与言诗已矣。”②

但孔子认为子夏在遵循仁和礼的方面有所不及：“师也过，商也不及。”③子夏曾提出“仕而优则学，学而优则仕”④的著名论断，对后世影响颇大。

“孔子既没，子夏居西河教授，为魏文侯师”⑤，“如田

① 《论语·阳货》。
② 《论语·八佾》。
③ 《论语·先进》。
④ 《论语·子张》。
⑤ 《史记·仲尼弟子列传》。

子方、段干木、吴起、禽滑釐之属，皆受业于子夏之伦”[①]。子夏对战国以降的学术很有影响。另外，汉以来的学者大多认为，子夏是孔门传经中最重要的人物。据史籍记载，他博通“六艺”，“六经”之学俱有他的传授，大有功于学术。

10. 子张

颛孙师，字子张，鲁人，少孔子四十八岁。其为人雍容大度，仪表极好，才貌过人，缺点是“辟”（偏激），难以接近。他好学深思，喜欢与孔子讨论问题。他可能和《尚书》的传授有关。其后学在战国时期很有影响力，是《韩非子·显学》中“儒家八派”之首。他和上面的子游、子夏在《孟子》中被评为“皆有圣人之一体”（在某一方面很突出），而在《荀子》中都被批评为“贱儒”。

11. 有若

有若，字子有，鲁人，少孔子四十三岁。他提出的“孝悌为仁之本”以及“礼之用，和为贵”的思想对后世很有影响。在和鲁哀公论政时，他指出：“百姓足，君孰与不足？百姓不足，君孰与足？”[②]强调藏富于民的民本思想，掷地有声，很有儒者风范。

有若“智足以知圣人”，对孔子的思想把握得很精到。他这样评价孔子：

---

① 《史记·儒林列传》。

② 《论语·颜渊》。

> 岂惟民哉！麒麟之于走兽，凤凰之于飞鸟，太山之于丘垤，河海之于行潦，类也。圣人之于民，亦类也。出于其类，拔乎其萃。自生民以来，未有盛于孔子也。①

孔子去世后，弟子们非常思念老师，而有若平日行事言语很像孔子，故弟子们相约要立有若为师，稍解渴慕。但这遭到了曾子的反对，曾子强调孔子的崇高伟大是有若不能比拟的，故而作罢。

12. 曾参

曾参，字子舆，鲁人，少孔子四十六岁，与父亲曾皙同为孔子学生。曾皙是孔门有名的“狂者”，在“侍坐”中，他独得孔子的赏识，有“吾与点也”之叹。曾子及其后学很有影响，宋明儒者所谓的道统即是由孔子传曾子，曾子传子思。后世一般尊称其为曾子。

曾子有些鲁钝，在孔门并不突出，孔子评价他“参也鲁”②，但他却十分勤勉好学，故而后来能有大的成就。曾子继承了孔子的思想，非常重视“仁”的观念。“仁以为己任”“以友辅仁”是直接地论仁，忠恕之道则是仁的具体展开。曾子对仁的体认特别突出其内在性的一面，强调反省。他说：“吾日三省吾身：为人谋而不忠乎？与朋友交而不信

① 《孟子·公孙丑上》。
② 《论语·先进》。

乎？传不习乎？”[①]这种自省的态度后来发展出关注内在的向度，影响了思孟学派。

与关注内在反省相匹配的是对礼仪的重视。据《礼记·檀弓上》记载，曾子病危，躺在季孙氏送的华美舒适的竹席上。这个席子按品级是大夫用的，而曾子只是庶人，于礼不合。曾子知道后要求儿子马上换掉，决不能拖延。这是有名的“曾子易箦”的故事。曾子一生谨小慎微，要求自己的举动周旋皆合于礼，所求乃是“得正”。

曾子最为人所熟知的可能是他对于“孝”的重视以及由此而来的戒慎恐惧的心态。其父曾皙爱吃羊枣，曾皙死后，他不忍心再吃羊枣了。“曾子养曾皙，必有酒肉。将彻，必请所与。问有余，必曰有。”[②]孟子称曾子这是“养志”，即不仅养他父亲口体，还照顾他父亲的心志，可见曾子对“孝”的践行之深切！曾子的孝不仅仅是外在的礼仪，而且是深入到内心的反省。《孟子·梁惠王下》引用曾子的话：“戒之戒之！出乎尔者，反乎尔者也！”杀人之父者，人亦杀其父。于是戒慎恐惧的敬就成为最基本的立身行事之法。曾子生病之时对门人所说的“启予手，启予足，《诗》云：‘战战兢兢，如临深渊，如履薄冰’”[③]，以手足的完整来向门人显示他对先人赐予的身体的尊重，而这手足的完整则得益于无时不在的战战兢兢的生存反省。[④]

① 《论语·学而》。

② 《孟子·离娄下》。

③ 《论语·泰伯》。

④ 参见王博《中国儒学史·先秦卷》，第150页。

从汉代开始曾经流传《孝经》一书，司马迁以为是孔子所述，曾子所作。现在一般认为此书很可能与曾子学派有关，但没有证据可证明是曾子所作。其后学还编辑有《曾子》一书，但今已不存，现在一般认为《大戴礼记》中与曾子有关的十篇可能取自《曾子》。另外，宋明儒还认为“四书”之一的《大学》乃曾子所作，但也无法证实。曾子及其弟子可能主持了《论语》的编纂，曾子对思孟学派影响很大。

四、思孟学派

（一）子思的生平及思想

孔伋（前483—前402），字子思，孔子嫡孙，相传他受业于曾子，曾为鲁穆公师。《孟子·公孙丑下》记载：“昔者鲁缪公无人乎子思之侧，则不能安子思。”《孟子·万章下》又说：“缪公亟见于子思，曰：‘古千乘之国以友士，何如？’子思不悦，曰：‘古之人有言：曰事之云乎，岂曰友之云乎？’子思之不悦也，岂不曰：‘以位，则子，君也；我，臣也。何敢与君友也？以德，则子事我者也。奚可以与我友？’千乘之君求与之友，而不可得也，而况可召与？”儒者的恃德傲君、以德抗位的品格在子思身上显豁无余。据出土文献郭店楚简《鲁穆公问子思》载，穆公问子思：“何如而可谓忠臣？”子思曰：“恒称其君之恶者，可谓忠臣矣。”“公不悦，揖而退之。”穆公向成孙弋谈此事，成孙弋说：“恒称其君之恶者……远禄爵者也。为义而远禄爵，非子思，吾恶闻之矣。”由此可见子思之人格！

《史记·孔子世家》云：“子思作《中庸》。”《汉书·艺文志》著录“《子思》二十三篇”。南朝梁沈约指出，《礼记》中的“《中庸》《表记》《坊记》《缁衣》，皆取自《子思子》”[①]。《中庸》原是《小戴礼记》中的第三十一篇。北宋程颢、程颐推尊《中庸》，认为是孔门传授心法，后来朱熹作《中庸章句》，编入“四书”，影响深远。

“中庸”的思想起源于上古。《尚书》中《洪范》和《吕刑》都提倡中道。孔子也大加倡导中庸，认为“中庸之为德也，其至矣乎！民鲜久矣”[②]。“中庸”是道德修养的最高境界，一般人很难达到。“中”指适中，中和，不偏不倚，无过无不及；“庸”有三义，一是平常，一是不易，一是用。中庸之道不是不要原则，不是迎合所有的人，那是滑头主义的“乡愿”。

《中庸》开宗名义指出：“天命之谓性，率性之谓道，修道之谓教。”意思是说，上天所赋予的叫作“性”，遵循本性而行即是“道”，使人能依其本性而行，让人之道不断地实现，便叫作教化。这里的“天”与“天道”是形而上学的实体、创造性的真体、宇宙生化的本体、一切存在的最高规律，它本身也是不停息地创造活动着的。

《中庸》以“诚”为枢纽来讨论“天道”与“人道”的关系。“诚”的本意是真实无妄，是天的属性。“诚者，天之

① 《隋书·音乐志》引。

② 《论语·雍也》。

道也；诚之者，人之道也。诚者不勉而中，不思而得，从容中道，圣人也。诚之者，择善而固执之者也。”天道是诚，也是圣人之道；人道是诚之，也是普通人之道。普通人有气禀上的蔽障，所以需要后天的修养工夫。只有天下至诚的圣人，才能够极尽人与物之性，使万物各安其位、各遂其性，也就能够参赞天地之化育，与天地鼎足而三了。

1973年12月湖南长沙马王堆三号汉墓出土了大量帛书文献，其中有一篇被专家命名为《五行》。1993年10月湖北荆门郭店一号楚墓出土的竹简中有《鲁穆公问子思》《五行》《缁衣》等篇。同年出土于湖北荆州、荆门一带的楚竹书，也有《缁衣》等文献。据专家考证，以上《五行》诸篇可以确定是与子思有密切关系的资料。

《五行》篇认为“五德”——仁、义、礼、智、圣——形之于内，德气流之于外，我们可以看到儒家思想内趋性的发展：

> 五行：仁形于内谓之德之行，不形于内谓之行。义形于内谓之德之行，不形于内谓之行。礼形于内谓之德之行，不形于内谓之行。智形于内谓之德之行，不形于内谓之行。圣形于内谓之德之行，不形于内谓之德之行。

“形”在这里是动词。最后“德之”二字，一般认为是衍文，也有人认为不是，表明圣与仁、义、礼、智有所区别。

子思认为，“仁、义、礼、智、圣”并不是外在的东西，通过身体力行、道德实践，这些道德意识返流到每个人内心，成为君子内在的德性。

子思的思想，为孟子所继承与发挥。

（二）孟子的生平

孟子（约前372—前289），名轲，字不详（一说字子舆），战国时邹（今山东邹城）人，据说是鲁国孟孙氏的后代。孟子幼年丧父，靠慈母含辛茹苦，抚养成长。“孟母三迁”“断机教子”的故事虽不是信史，但也确能反映孟子受母亲影响很深。

孟子出生时，孔子去世已近百年。孟子十分遗憾未能成为孔子的亲炙弟子。他说：“乃所愿，则学孔子也。”[①]而他实际上“受业子思之门人”[②]。他和子思一起，传统上被称为“思孟学派”，是对后世影响最大的儒家派别。

孟子生活在战国中期，那是比春秋更动荡、分化、变革的时代，诸侯对峙，战乱不息。强国穷兵黩武，鲸吞蚕食，弱国惶惶不可终日，求生自保。思想界则百家争鸣，奇谈怪论层出不穷，杨墨之言盈天下。士人则合纵连横，朝秦暮楚，所言乃富国强兵，所行乃诡谲权诈，绝不及礼乐仁义。而百姓流离失所，朝不保夕，所谓杀人盈野，率兽食人。孟

① 《孟子·公孙丑上》。

② 《史记·孟子荀卿列传》。

子就是在这样的时代求行仁道，求广济苍生。

孟子在约四十岁时，开始在自己的祖国邹出仕。有一次邹与邻国鲁发生械斗，邹穆公对孟子说，邹国的官员在争斗中死了三十三人，而百姓却没有为他们死难的。若杀了这些百姓吧，杀不了这么多；若不杀吧，他们冷眼旁观长官被杀却不营救，实在可恨。该如何是好？孟子对他的话很不满意，批评说，邹国的官员平时不关心百姓，并且还残害他们，这实在是报应。如果邹君肯施行仁政，百姓也自然会爱戴长官。可能是孟子的主张终不用于邹，他不久就离开了父母之邦，开始了漫长的游历生涯。

孟子去邹后，来到齐国，当时威王在位。大概因为孟子此时人微言轻，所以没有受到威王重视，流传的事迹也不多。他与齐国官员匡章交游，匡章名声不好，全国皆称其不孝。但孟子却不顾世人风言，与之为友且很尊重他。后齐威王信任匡章为人，命其为将，大败秦兵而还，也证实匡章确实非不孝，实乃大忠大孝。在齐国期间，孟母去世，故又归鲁葬母。孟子这次游齐时间可能比较长。他行三年之丧后又往齐国，但不久决定离开齐国。

孟子离开齐国后第一站便到了宋国。宋当时称王不久，欲行王政，故而孟子刚到时也很振奋，认为宋国虽小，若能行王政，也就不惧齐楚大国了。但实际情况并不理想，宋王周围善人太少，无法对宋王产生好的影响。在此，孟子还与滕国世子相见。“滕文公为世子，将之楚，过宋而见孟子。孟子道性善，言必称尧舜。世子自楚反，复见孟子。”[①]孟子此次谈话比较有成效，为后来他游历滕国打下了基础。孟子看到在宋国不能实现自己的政治理想，不宜久留，便离开了宋国，回到了家乡邹国。

不久，滕定公去世，滕世子一直没有忘记以前在宋国和孟子交谈的情况，派大臣到孟子那里询问如何办理丧事。经过两次往返求教，世子决定听从孟子的话，依礼治丧。其实时人办丧早就不守礼，故而此举遭到滕国很多官员反对。结果“五月居庐，未有命戒。百官族人可谓曰知。及至葬，四方来观之，颜色之戚，哭泣之哀，吊者大悦”[②]。丧礼受到了众人的称许。

鲁国用孟子弟子乐正子为政。孟子听到这个消息后“喜而不寐”[③]，自己也赴鲁。鲁平公打算见孟子，但宠臣臧仓却以孟子“后丧逾前丧”为由加以阻挠。孟子得知后，感叹道：“行或使之，止或尼之。行止，非人所能也。吾之不遇鲁侯，天也。臧氏之子焉能使予不遇哉？”[④]孟子认为自己不能得君行道，乃是天意如此，非人力所能左右的。儒家承认无可奈何的外在限制，但并不因此就放弃自己的职责和努力，这是在己者。此处也可以看到孔子的影子。

此后，孟子去往滕国。滕世子已即位为文公，对孟子颇为敬重。孟子也有了充分展示自己理想的机会，他向滕文

---

① 《孟子·滕文公上》。

② 同上。

③ 《孟子·告子下》。

④ 《孟子·梁惠王下》。

公详细地阐述了自己的仁政思想。但滕国是一个非常小的国家，夹在齐楚之间，朝不保夕，其面临的最大问题是如何在夹缝中求生。滕文公焦虑地问孟子该事齐还是事楚，孟子却回答："是谋非吾所能及也。无已，则有一焉：凿斯池也，筑斯城也，与民守之，效死而民弗去，则是可为也。"[①]"昔者大王居邠，狄人侵之，去之岐山之下居焉。非择而取之，不得已也。苟为善，后世子孙必有王者矣。君子创业垂统，为可继也。若夫成功，则天也。君如彼何哉？强为善而已矣。"[②]这些显得迂阔不切实际的话能否发挥其作用是很值得怀疑的。大概滕文公也比较失望，孟子终不用于滕。在滕国期间孟子还和农家陈相辩论，论证社会分工的重要性。孟子在滕国住了约有三年，政治理想始终无法实现。

当时梁惠王招贤纳士，孟子于是自滕至梁。孟子和梁惠王讨论了几次政治问题，梁惠王也比较虚心，"寡人愿安承教"[③]。但很不幸的是，第二年梁惠王就死了。梁襄王即位，孟子对他的印象很不好，"望之不似人君，就之而不见所畏焉"[④]。孟子感到再在梁国待下去也无法实现自己的政治理想。

不久齐宣王初立，努力复兴稷下学风，又为孟子带来了希望，于是孟子离开梁国，再次来到齐国，推行他的仁政理

① 《孟子·梁惠王下》。

② 同上。

③ 《孟子·梁惠王上》。

④ 同上。

想。孟子到达齐国时，“后车数十乘，从者数百人”[①]，名气已经相当大了。齐宣王授孟子客卿之位。公元前316年，燕王让位于宰相子之，燕国大乱。齐臣沈同私下问孟子齐国是否可以伐燕，孟子表示可行，认为这是吊民伐罪，是正义之师。第二年，齐伐燕，果然迅速取得胜利。宣王又问孟子，是否可以吞并燕国。孟子说：“取之而燕民悦，则取之”；“取之而燕民不悦，则勿取”。[②]意为要以国民为根本出发点。宣王不从孟子，强力吞并燕国，又不善待燕民，引起各国不满，孟子劝齐宣王“反其旄倪，止其重器，谋于燕众，置君而后去之，则犹可及止也”[③]。宣王不听。不久，燕人反叛，齐军败绩，宣王“甚惭于孟子”[④]。此事使孟子和宣王的关系日趋紧张。宣王召见孟子，孟子以师道自任，召则不尊，于是称病不朝，却故意出门吊丧。王听闻孟子生病，赶紧使人问候。为避免相遇尴尬，孟子不得已到朋友景丑家留宿。景丑批评孟子不敬君王，孟子回答说，天下有三样尊贵的事物：爵位、年寿、德行。齐王只有爵位，而自己年高德劭，齐王岂能以其一来轻慢自己之二？“故将大有为之君，必有所不召之臣”[⑤]。臣子恃德傲君，并不因王位尊贵而降低自己的人格。孟子逐渐对宣王失望，认为行道的希望渺茫，便辞去卿位，离开齐国。他走到齐西南昼邑后，在那里停留了三夜，其内

① 《孟子·滕文公下》。
② 《孟子·梁惠王下》。
③ 同上。
④ 《孟子·公孙丑下》。
⑤ 同上。

心还是盼望宣王能幡然悔悟，把他迎回去，加以重用。此次离齐，孟子心情沉重，自述“如欲平治天下，当今之世，舍我其谁也”[①]，空有满腔抱负和一身才学，不得施展。

公元前312年，孟子回到故乡邹国。经过近三十年的东奔西走，孟子已经明白，自己的王道理想在当世是无法实现了。在此后的二十年，孟子一面授徒讲学，一面“与万章之徒序诗书，述仲尼之意，作《孟子》七篇”[②]。他曾说：“君子有三乐，而王天下不与存焉。父母俱存，兄弟无故，一乐也。仰不愧于天，俯不怍于人，二乐也。得天下英才而教育之，三乐也。君子有三乐，而王天下不与存焉。”[③]晚年的孟子身在家乡，与亲人相伴；自己一生光明璀璨，俯仰无愧；又有公孙丑、万章等爱徒陪着自己，虚心向学，安心著述。有此三乐，岂不比争名夺利的诸侯君王快乐多了。但恐怕孟子至死也未尝一刻忘却得君行道、兼济天下吧！

约公元前289年，孟子卒。

孟子的弟子比较确定的有乐正子、公孙丑、万章、桃应等人。其中乐正子可能在孟子卒后仍然很有影响；公孙丑、万章则一直陪伴着老师，并很有可能参与了《孟子》一书的撰写。

《孟子》一书，现在一般认为是孟子和其弟子公孙丑、万章等人合著的。其书现今流传十四篇，较好的注疏有东汉

① 《孟子·公孙丑下》。
② 《史记·孟子荀卿列传》。
③ 《孟子·尽心上》。

赵岐的《孟子章句》、南宋朱熹的《孟子集注》和清代焦循的《孟子正义》等。

（三）孟子的思想

孟子受业于子思之门人，私淑孔子，以继承孔子为其志向。其核心思想是“仁义内在，性由心显”，即良心说和性善论，由此出发，发展出了系统的修养理论和仁政学说。前面第一章第一节已经详细展示了孟子的性善论，故此处仅简要述之。

孟子把儒家所追求的核心价值直接地规定为人心的本质。心的内涵很复杂，有认知、道德、理智、情感等多重含义。在《孟子》一书中，“心”作为性善论基础，指良心，亦称为本心。[①]孟子通过心善论性善。性善论指点人们向上之机，挺拔独立人格，树立道德主体。

孟子还将性和命作了区分。他说：

> 口之于味也，目之于色也，耳之于声也，鼻之于臭也，四肢之于安佚也，性也，有命焉，君子不谓性也。仁之于父子也，义之于君臣也，礼之于宾主也，智之于贤者也，圣人之于天道也，命也，有性焉，君子不谓命也。[②]

① 参见杨泽波《孟子性善论研究》（修订版），中国人民大学出版社2010年版，第36页。

② 《孟子·尽心下》。

求则得之，舍则失之，是求有益于得也，求在我者也。求之有道，得之有命，是求无益于得也，求在外者也。①

求在我者，就如孔子所说“我欲仁，斯仁至矣”②，是内在于我的良心、性善、仁义礼智，努力追求就能获得，放弃则会丢失。求在外者，如爵禄富贵等，有外在时命的限制，还得求之合道。虽然性是天赋的，但并非所有天赋的东西都可以被称为人性。当孟子把某些天赋的内容称为命的时候，他实际上将它们从性中排除了，这样，剩下的就是仁义礼智等内容。③

人人本有良心和性善，但现实世界充满了恶，孟子并不否定这一点。孟子说：“富岁，子弟多赖；凶岁，子弟多暴，非天之降才尔殊也，其所以陷溺其心者然也。”④恶并不能归之于天性，而是后天“陷溺其心”的缘故。良心不是现成的，操持之则可以存养好，舍弃之则终会丧失。那下面的问题自然就是如何操持住我们的良心。对此，孟子根据自身实践，提出了很多方法，包括知言养气、养心、存心、不动心等。

孟子说：“我善养吾浩然之气。”“其为气也，至大至刚，以直养而无害，则塞于天地之间。其为气也，配义与道；无

① 《孟子·尽心上》。
② 《论语·述而》。
③ 参见王博《中国儒学史·先秦卷》，第326页。
④ 《孟子·告子上》。

是，馁也。"[①]这种盛大流行之气，充塞于宇宙之中。他又说："夫志，气之帅也；气，体之充也"；"持其志，无暴其气"；"志壹则动气，气壹则动志"。[②]志是心之所之，是导向。志可以调动气，这是正向；反过来，气也可以影响志，这是逆向。孟子主张二者互动，持志与养气相配合。保养浩然之气的根本在于养心，即恢复、保养四端之心。孟子主张调动气来配合道义，不仅使理义集之于心，而且使理义之心有力量，可以担当，可以实践，可以使理想变成现实。这样，面对任何安危荣辱、突然事变，就无所疑惧，能担当大任而不动心。浩然之气是天地之气，也是我们生而有的气，只要不人为地伤害它，而善于保养它，就能合乎道义，辅助道义。养气在于养心，而言为心声；不正当的言论反过来会诱惑、伤害其心，故需要知言。对各种言论有独立思考，分析评判，不盲目信从，谓之知言。知言是为了辨志，知言也是养心的工夫。以道德心为枢纽，孟子把持志、养气、知言统合了起来。[③]

经过此种修养之后，培养出来的理想人格可称为大丈夫："居天下之广居，立天下之正位，行天下之大道。得志，与民由之；不得志，独行其道。富贵不能淫，贫贱不能移，威武不能屈。"[④]"得志，泽加于民；不得志，修身见于世。

① 《孟子·公孙丑上》。

② 同上。

③ 参见郭齐勇《中国哲学史》，第78页。

④ 《孟子·滕文公下》。

穷则独善其身，达则兼善天下。”[1]“天下有道，以道殉身；天下无道，以身殉道。未闻以道殉乎人者也。”[2]亦即堂堂正正地做一个人，无论穷通贵贱，心中永有道义存焉。

孟子的社会政治思想是以他的心性论为前提的。正因为人有“不忍人之心”，所以才能行“不忍人之政”。他把道德仁义推行到社会、国家的治理中。他提出“亲亲而仁民，仁民而爱物”[3]，“推恩足以保四海，不推恩无以保妻子”[4]。如此，治天下“可运于掌上”[5]。他反对“以力服人”的“霸道”，反对以暴力和强制对待百姓，而主张“以德服人”的“王道”，爱护百姓，指出只有不嗜杀才能统一天下。

仁政学说的目的是保民。孟子发展了孔子的“庶、富、教”的思想，认为先要满足百姓的基本物质需求，才能进一步施行教化。他明确提出要为民制产：“若民，则无恒产，因无恒心”；“仰足以事父母，俯足以畜妻子，乐岁终身饱，凶年免于死亡”；“五亩之宅，树之以桑，五十者可以衣帛矣；鸡豚狗彘之畜，无失其时，七十者可以食肉矣；百亩之田，勿夺其时，八口之家可以无饥矣”。[6]在此基础上才可以进一步谈论教化：“谨庠序之教，申之以孝悌之义”[7]；“善政，不如善教之得民也。善政民畏之，善教民爱之；善政得民财，善

① 《孟子·尽心上》。
② 同上。
③ 同上。
④ 《孟子·梁惠王上》。
⑤ 同上。
⑥ 同上。
⑦ 同上。

教得民心”[①]。良好的教育使人们心悦诚服，以改革其心。

他还强调政治上应该“尊贤”与“故国乔木”并举。“尊贤使能，俊杰在位”[②]；“不得罪于巨室”[③]。而总目标则是“保民而王”[④]。他激烈地抨击当时的社会现状：“庖有肥肉，厩有肥马，民有饥色，野有饿莩，此率兽而食人也”[⑤]，“今之所谓良臣，古之所谓民贼也”[⑥]。

孟子认识到民在政治生活中的根本地位，明确提出民贵君轻说：“民为贵，社稷次之，君为轻”[⑦]；“得乎丘民而为天子，得乎天子为诸侯，得乎诸侯为大夫”[⑧]。这里显示的是国家政权的合法性，国家权力的来源是民，而不是别的任何东西。得民者得天下，失民者失天下。《孟子·离娄上》云：

> 孟子曰：“桀纣之失天下也，失其民也；失其民者，失其心也。得天下有道：得其民，斯得天下矣；得其民有道：得其心，斯得民矣；得其心有道：所欲与之聚之，所恶勿施尔也。民之归仁也，犹水之就下、兽之走圹也。”

① 《孟子·尽心上》。
② 《孟子·公孙丑上》。
③ 《孟子·离娄上》。
④ 《孟子·梁惠王上》。
⑤ 同上。
⑥ 《孟子·告子下》。
⑦ 《孟子·尽心下》。
⑧ 同上。

得民的前提是得民心。那么如何得民心？孟子给出的答案非常简单：君主应该充分地了解并满足民之好恶。忧乐与民同之，则民心便如流水向下般归附。对于残暴的君主，孟子认为他们是独夫民贼，人人得而诛之。他激烈地赞扬汤武征伐："闻诛一夫纣矣，未闻弑君也"[①]；"君之视臣如手足，则臣视君如腹心；君之视臣如犬马，则臣视君如国人；君之视臣如土芥，则臣视君如寇雠"[②]。这种思想影响巨大，为人民起来推翻暴政提供了合理性证明。

孟子以上的政治思想产生了巨大的影响。在后世极端黑暗的专制时代，风雨如晦，万马齐喑，但总有一些特立独行之士继承孟子的思想，奋起高歌。政治学家萧公权指出："孟子之政治思想遂成为针对虐政之永久抗议。"[③]孟子与任何专制政体之间恒处于一种紧张的状态。以专制惨毒著称的明太祖读《孟子》至草芥寇仇之语，雷霆大怒，用他的皇权下令将孟子赶出孔庙。但大臣钱唐却抗疏入谏曰："臣为孟子死，死有余荣。"朱元璋而后虽将此事作罢，但还是令大臣将《孟子》全书中凡是反对君主专制的内容删去，不以此考试。于此可见孟子思想的杀伤力之大，千载之下犹令专制统治者心惊胆寒！

孟子的政治思想在当时甚至后世看来都不大切实，太过理想，"迂远而阔于事情"[④]。但是一个社会总是需要一些高

① 《孟子·梁惠王下》。
② 《孟子·离娄下》。
③ 萧公权：《中国政治思想史》（上册），商务印书馆2011年版，第97页。
④ 《史记·孟荀列传》。

远超越的理想的，这些理想虽然很难实现，却能对现实中不合理政治进行有力鞭策，也是民众在黑暗中的启明星，永远指引着大家向一个更合理、更幸福的社会奋斗，这也是孟子政治思想最大的意义。

总的来说，孟子在孔子思想的继承和发扬上是第一功臣，于儒家的“内圣外王”之道，孟子对“内圣”贡献最大。他的道德理想主义高扬了个体的道德人格主体性，强调人要自作主宰，奋发向上，经过努力，人人都能达到自在自为的高尚境界。这是中华脊梁能够挺拔数千年的内在基因。

五、荀子

（一）荀子的生平

荀子，名况，字卿，亦称孙卿，战国后期赵国人，生卒年不详，其活动年代约在周赧王十七年（前298）到秦王政九年（前238）间。荀子是与孟子齐名的儒学大师。

荀子博学善辩，年轻时便开始游学于齐国都城稷下学宫，后又再次入齐，三为祭酒，享有很高的声誉。稷下学宫是战国中后期最重要的学术和思想场所，不同倾向的学者会聚于此，稷下学宫因而成为一个辩论和沟通的所在，也因此成为思想创新的中心。祭酒是祭祀时举酒祭神的老师，在学宫中名望崇高。可能就是在这里，荀子受到其他很多学派的影响，并表现出批判诸子百家、总结先秦学术的意图。

荀子曾西游秦国，打破了“儒者不入秦”的惯例，会见秦昭王和丞相范雎，建议秦昭王重用儒者，实行仁义，表达了自己隆礼、尊君、爱民、实行王道的立场。他和秦昭王论辩，认为儒者对于国家人民大有裨益，提出“儒者在本朝则美政，在下位则美俗”[①]的著名说法。荀子终因不得秦国重用，离秦至楚。楚相春申君委之以兰陵令。此间他曾遭到诽谤而来到赵国，与赵国的临武君在赵孝成王面前议论兵法，主张“以不敌之威，辅服人之道”[②]，提出用兵在于争取民心，要得到士兵拥护。不久，他仍回到楚国，复任命为兰陵令。后春申君被杀，荀子被免官，从此他便定居兰陵，专门从事著述和教学，一如孔孟，直到老死。据西汉刘向的记载，由于荀子的缘故，兰陵人擅长学习，当地长老至西汉末还称念他；兰陵人喜欢以“卿”为字，这也是效法荀子。[③]

荀子给我们的印象和孔子、孟子很不一样。他理智冷静，虽然也抱着行道的激情和理想，但更多了一份对现实的仔细打量。他也很自信，不仅对先秦所有诸子百家吸收批驳，而且对儒家内部的其他派别也大加挞伐。

虽然比不上孔子和孟子的规模，荀子也应该有不少弟子，其中最著名的是韩非和李斯。吊诡的是，韩非和李斯都是法家的著名人物，前者集法家之大成，后者则把法家和实际政治紧密地结合起来。正因如此，再加上荀子思想自身的原因，历史上有学者认为荀子为儒法过渡者，甚至直接认为

① 《荀子·儒效》。

② 《荀子·王制》。

③ 参见《荀子·孙卿新书叙录》。

他是法家，实属冤诬。另外一个有据可查的弟子是浮丘伯，汉初申公、穆生和楚元王刘交等都曾跟随他习《诗》。包括浮丘伯在内的一些弟子们活跃在汉初，使荀子在这一时期的思想界具有重要影响。

《荀子》一书，大部分乃荀子自己所作，体大思精，文风优美，在先秦诸子中十分耀眼。该书在汉代流传有三百多篇，后经刘向编订为三十二篇，至唐代杨倞为之作注并重新分为二十卷，此后历代均以此为祖本。晚清王先谦撰有《荀子集解》，是较好的注本。

（二）荀子的思想

战国末期，旧的秩序早已彻底瓦解，而新的秩序尚未形成，局面比孟子之时更为严峻。面对这样的现实，荀子继承先儒变“天下无道”为“天下有道”的志向，从“外王”上发展了儒学。《四库全书总目》云：“况之著书，主于明周孔之教，崇礼而劝学……至其以性为恶，以善为伪，诚未免于理未融，然卿恐人恃性善之说，任自然而废学，因言性不可恃，当勉力于先王之教。”①荀学的大体概况即是“明周孔之教，崇礼而劝学”，以及“化性而起伪”。

在诸子百家中，儒家常常是把人放在群体中来考察的，荀子对这一点尤其强调。他认为，人作为自然界的一部分而又能支配自然界、役使他物，关键在于人有着与自然界其他

① (清)永瑢等：《四库全书总目》卷九十一，中华书局1965年版，第770页。

生物不同的特点，这就是人“能群”。他说：“（人）力不若牛，走不若马，而牛马为用，何也？曰：人能群，彼不能群也。”①

人之所以“能群”是由于有“分”，而“分”的标准则是礼义。这就是说，人是社会性的动物，面对自然和野兽，必须联合成社会群体；而任何群体，必然有一定的组织形式，要有分工和合作，要有等级名分，并以此决定消费品的分配，以免发生争斗和内乱。明确各人的职分是人能群的前提，而礼义则是维持“分”的手段。②这是荀子“明分使群”的观点。

那礼义从何而来呢？《荀子·礼论》篇云：

> 礼起于何也？曰：人生而有欲，欲而不得，则不能无求，求而无度量分界，则不能不争。争则乱，乱则穷。先王恶其乱也，故制礼义以分之，以养人之欲，给人之求。使欲必不穷乎物，物必不屈于欲，两者相持而长，是礼之所起也。

礼义起源于对人的自然本性、情欲情感的限制，起源于人们无限的欲求与外界有限的资源之间的矛盾。“礼”不再是僵硬规定的形式仪容，也不再是无可解释的传统观念，而被认为

① 《荀子·王制》。

② 参见郭齐勇《中国哲学史》，第107页。

是清醒理智的历史产物。①

隆礼是荀子思想的核心，礼治主义是荀子政治学说的首要特征。首先，礼是治国之本，为政的前提。荀子认为“国之命在礼”②，礼是国家命运之所系。“为政不以礼，政不行矣”③。其次，礼是满足人类物质生活需要而对财富进行分配的标准。他认为“礼者，养也”，“养人之欲，给人以求”④。再次，礼是系统性的等级制度。荀子认为“分莫大于礼”⑤，“礼别异”⑥，礼就是“贵贱有等，长幼有差，贫富轻重皆有称者也”⑦。他甚至还将分工、分职纳入礼的范围。最后，礼是社会成员一切生活行为的规范，是社会成员活动的规定界限和标准。荀子说：“礼者，表也。”⑧“礼者，人之所履也。”⑨由此出发，他认为“礼者，人道之极也”⑩。⑪

在“隆礼”的基础上，他又提出“重法”。法以礼为根据，礼高于法，是支配一切的原则。“礼者，法之大分，类之纲纪也。”⑫“法者，治之端也；君子者，法之原也。”⑬好的法令是天下大治的开端，而制定法令者应该是有德行的

---

① 参见李泽厚《中国古代思想史论》，天津社会科学院出版社2003年版，第101页。
② 《荀子·天论》。
③ 《荀子·大略》。
④ 《荀子·礼论》。
⑤ 《荀子·非相》。
⑥ 《荀子·乐论》。
⑦ 《荀子·礼论》。
⑧ 同上。
⑨ 《荀子·大略》。
⑩ 《荀子·礼论》。
⑪ 参见张岂之编《中国思想学说史·先秦卷》，第367页。
⑫ 《荀子·劝学》。
⑬ 《荀子·君道》。

君子。在这里，荀子与讲法、术、势的法家还是有着根本不同的。荀子引法入礼，隆礼而不轻法，这给儒家传统的礼治观、德治观注入了崭新的时代内容。这种从社会统治整体着眼的理智—历史理论，符合战国末期大一统的历史趋势，更具有现实的进步意义。[①]

荀子的思想在后世引起最多争议的是他提出的“性恶论”。荀子认为：“生之所以然者谓之性。性之和所生，精合感应，不事而自然谓之性。”[②]性是生而如此的根据，是自然而然的，不是人为或后天的。他将后天的、人为的称为“伪”：“不可学，不可事之在天者，谓之性；可学而能，可事而成之在人者，谓之伪；是性伪之分也。”[③]“性者，本始材朴也；伪者，文理隆盛也。”[④]“本始材朴”是人的自然本性，“文理隆盛”是人类的社会制度、文化创造，包括礼义道德，前者需要后者的加工，才能完善美好；后者没有前者做基础，也无法加工。

因此，他提出“化性起伪”的命题：“圣人化性而起伪，伪起而生礼义，礼义生而制法度。然则礼义法度者，是圣人之所生也。故圣人之所以同于众其不异于众者，性也；所以异而过众者，伪也。”[⑤]导情、化性而起伪，改变人性，造就治世，是荀子的主要思路。他主张“性伪合而天下治”[⑥]，“凡人之性者，尧、舜之与桀、跖，其性一也；君

① 参见李泽厚《中国古代思想史论》，第103页。
② 《荀子·正名》。
③ 《荀子·性恶》。
④ 《荀子·礼论》。
⑤ 《荀子·性恶》。
⑥ 《荀子·礼论》。

子与小人，其性一也”[①]。也就是说君子和小人在本性上是一样的，都爱好虚荣，憎恶耻辱，爱好利益，憎恶危害，但他们求得的方式是不一样的。君子修行大道——仁义道德，小人修行诡异的权诈。人们生活在礼乐之中，接受礼乐的后天教化，去恶迁善，也就进于君子了。荀子也强调成德的普遍性。“涂之人可以为禹……涂之人也，皆有可以知仁、义、法、正之质，皆有可以能仁、义、法、正之具；然则其可以为禹，明矣。”[②]人人都能成为禹那样的圣贤，这不是因为人天生具有善性，而是因为人人都有能知能行、仁义法正的材质。

我们知道，孔子和孟子的天道观，主要讲个人德性为天所赋予，天是道德的超越根据，继承的是上古“天人相与”的传统。但荀子从另一个方向发展了上古天道观，表现在“天”的自然义和规律义上。他说：

> 列星随旋，日月递炤，四时代御，阴阳大化，风雨博施，万物各得其和以生，各得其养以成，不见其事而见其功，夫是之谓神。皆知其所以成，莫知其无形，夫是之谓天功。唯圣人为不求知天。[③]

属于天的是日月星辰的运行，阴阳四季的更替，万事万物的自然生长。天是不为而成，不求而得的。“神”就是人们看不见

---

① 《荀子·性恶》。

② 同上。

③ 《荀子·天论》。

它的行动，可是看得见它的功绩，没有神秘性。人们都知道它的成就却不见它的行迹，这就叫作“天功”或“天职”。圣人只修人事，不希求了解天道自然。他把自然天地作为万物生成长养的源泉。“天地者，生之始也。”①

荀子提出“天行有常”的命题，指出：“天行有常，不为尧存，不为桀亡。应之以治则吉，应之以乱则凶。”②天道即自然规律，并不与人事相涉，不以人的意志为转移。用导致安定的措施去适应它就吉利，用导致混乱的措施去适应它就凶险。社会的治乱也不是由于天的主使。

他强调“明于天人之分”，也就是分别界定天和人的职分。“强本而节用，则天不能贫；养备而动时，则天不能病；循道而不贰，则天不能祸。”③“明于天人之分，则可谓至人矣。”④加强农业生产，厉行节约，天就不会使人贫穷；给养充备，动作得时，天就不会使人困顿；遵循着“道”，不出偏差，天就不会使人受祸。天人各有其分，不容混淆。懂得区分天与人职分不同的人，就可以叫作“圣人”。“天有其时，地有其财，人有其治”⑤；“天能生物，不能辨物，地能载人，不能治人”⑥。产生万物和人类社会的是自然之天，而治理万物和人类社会的则是有为的人。荀子主张不要迷信天，但要尊重天道，在尊重的前提下，人是有所作为的。

① 《荀子·王制》。
② 《荀子·天论》。
③ 同上。
④ 同上。
⑤ 同上。
⑥ 《荀子·礼论》。

荀子进而提出了“制天命而用之”的思想，指出：“大天而思之，孰与物畜而制之？从天而颂之，孰与制天命而用之？望时而待之，孰与应时而使之？因物而多之，孰与骋能而化之？思物而物之，孰与理物而勿失之也？愿于物之所以生，孰与有物之所以成？故错人而思天，则失万物之情。”[①] 与其迷信、思慕、歌颂天的权威，等待天的恩赐，不如了解自然，掌握规律，使自然得到充分合理的利用。在区分自然与社会、天与人的基础上，人可以依据自然之天道，去使用、控制、变革自然。[②]

总之，荀子对于天的理解，带有浓厚的物质和自然的色彩，与秩序和道德无关。他把道德和秩序的根据完全扎根于人的领域，因此表现出强烈的对于人的自信。在天面前，人不是匍匐的，去除了道德与秩序根据意义的天也不再是敬畏歌颂的对象。[③]如果说孟子在中国思想史上最先树立了伟大的个体人格观念，那么，荀子便在中国思想史上最先树立了伟大的人的族类的整体气概。[④]

我们说荀子“崇礼而劝学”，“学”在荀子思想中也是一个很重要的主题。脍炙人口的《荀子·劝学》篇位于《荀子》三十二篇之首，这和《论语》以《学而》篇为首类似，具有特殊的地位。《荀子·劝学》篇开门见山说：“君子曰：学不可以已”，提示学与君子之间的紧密联系。荀子论“学”

---

① 《荀子·天论》。

② 参见郭齐勇《中国哲学史》，第110页。

③ 参见王博《中国儒学史·先秦卷》，第542页。

④ 参见李泽厚《中国古代思想史论》，第105页。

同样继承了孔子的传统，“学”的对象不是一般知识，而是与德性和生命密不可分的。荀子认为，人很容易受外界环境的影响，故而后天的努力尤其是学习对于生命有着重要意义。学习的过程就是生命不断塑造和提升的过程，或者一个道德生命成就的过程。

在后世，荀子经常被诬为法家，部分是由于他的一些专制政治理念。他很重视君主的地位，“天子者，势位至尊，无敌于天下”①，“君者民之原也”②。正是因为君主具有无上的权势，又是民之“原”，自然不能不尊君、重君。他的这一尊君思想在近代被很多思想家大力抨击。但是，他并非君本论者，并不主张君主专制的一尊主义。尊君的目的是为了利民养民。他提出著名的“从道不从君”，即道义要高于君权，道统优先于政统。他还强调：“行一不义，杀一无罪，而得天下，仁者不为也。”③

荀子一如孔孟，怀才不遇，只有退而与弟子讲学著书。他在战国末年和孟子齐名，他创立的学派也影响巨大。及至宋代，理学兴起，荀子地位一落千丈，几乎被“开除”出儒家了。其中最为宋儒所诟病的则属他的性恶论和批评孟子的言论。然而真正能了解荀子其人其书的人极少，时人见一“性恶”，则认为荀子全不可取，亦可哀也。降至清代，朴学大盛而宋学剧衰。朴学由经学逐渐扩展到子学，为荀书作注者骤增。《四库全书总目提要》评论：“平心而论，卿之学源出孔

① 《荀子·正论》。
② 《荀子·君道》。
③ 《荀子·王霸》。

门，在诸子之中最为近正，是其所长。主持太甚，词义或至于过当，是其所短。韩愈大醇小疵之说，要为定论，余皆好恶之词也。”这一评论比较中肯。

总的来说，荀子的思想在当时是具有历史进步意义的，他能清醒地面对历史和现实，推进儒家的“外王”之道，突出了作为群体秩序的礼，并援法入礼，认识到法的重要性；他能正视人性中的感性欲求，在此基础上提出对治方法，指引人积极向上；他的天人相分思想，突出了人类的主体性地位，强调人要积极有为，努力追求美好生活。他的思想体系中明显地表现出来的那种极端冷静的理性主义和对神秘主义的摒弃，在整个中国思想史上都有积极影响，如从后世桓谭、王充、柳宗元、戴震等人身上都能看到这种理性主义的影响，这在很大程度上对治了中国历史上各种荒诞神秘思潮。最后，荀子还有大功于经典的传承，清儒汪中曰：“荀卿之学，出于孔氏，而尤有功于诸经……盖自七十子之徒即殁，汉诸儒未兴，中更战国、暴秦之乱，六艺之传赖以不绝者，荀卿也。”①

① 《荀卿子通论》。

第七章　秦汉至唐代儒学

秦汉至唐代儒学是儒学开展的第二个时期，这一时期中国制度文明的建构逐步走向成熟，且与周边各民族及域外文化的交流逐步扩大。自汉代传入中国的印度佛教文化，此时展开了与中国文化、思想、哲学、艺术、宗教的全面融合，开启了其中国化的历程。①

在这一时期，首先是两汉经学的发展，奠定了儒学在以后两千多年历史长河中成长的基础。儒家的学者们在晚周及汉初一段时间里，将先秦各家学说融会贯通，冶于一炉。在《易传》《中庸》《大学》《礼运》等作品中，儒家吸收融合了道、墨、法、阴阳诸家的思想，把宇宙观与人生观、文化与自然、人道与天道、个体与群体、内在道德自我与外在事功活动等统一起来，形成了新的价值系统。这些价值系统经过儒家学者的阐释和中央集权政府的提倡，成为中国人普遍遵循的个人生活及社会运行、管理的准则，对这之后的中国文化产生了深远的影响。

儒学的正统化，使更多的人专注于对它的学习和研究，但也导致了它在某种程度上被异化。到了魏晋南北朝时

① 参见郭齐勇《中国儒学之精神》，第27页。

期，因为战争、国家分裂及佛教传入等原因，儒学的地位有所下降，但其研究视野、范围比两汉有所扩大。在经学注疏方面，后来流行的十三经的注疏与诠释多出于这一时代。另一方面，儒学扩及史学方面，儒学化的正史叙述方式得以形成。

到唐代，唐初的经史之学，经过南北朝时期的培育，此时结下了丰硕的果实。在经学方面，陆德明的《经典释文》、孔颖达等人的《五经正义》对于整个经学的发展起了重要的推动作用。除此之外，唐代儒学继续表现出一种融合的趋势，并且与文学汇合，从此在经史之学以外，儒学范围内又包进了文学一门，为宋代以后儒学进入综汇期打下了基础。①

一、秦汉之际的儒学

（一）秦代儒学

1. 设立博士官

公元前221年，秦灭六国，结束了春秋战国以来诸侯纷争的局面，实现了中国历史上空前的大一统。在思想文化方面，秦始皇命人从前六国的宫廷和民间搜集了大量的古典文献，同时，他征聘七十多位年老的学者，授给他们博士之官，优礼备加，召集了两千多名学生置于博士官之下，利用

① 参见郭齐勇《中国儒学之精神》，第29—31页。

他们对古典文化进行甄别整理，企图凭借政府的力量禁止不利于其统治的思想的流播，达到国家文化和思想的统一。

在这些博士官中，有相当一部分正是儒家学者，如叔孙通、伏胜等，他们利用自己有利的地位从事教学活动，并且参与当时有关国家建设的讨论。那时候，像叔孙通就有“儒生弟子百余人”，而鲁地儒生传习礼乐“至汉二百余年不绝”，即使在被刘邦包围的时候，还“讲诵习礼乐，弦歌之音不绝”，可见其时的盛况。与此同时，这些儒家学者们通过对儒家经典的整理，使得自孔子以来儒学的经典得以确立。虽然在儒家后来的发展过程中，对经典的整理工作一直没有中断，但从儒学的内容、形式等方面而言，均在此时奠定下其基本规模。

2. 焚书坑儒

秦始皇设立博士官，原本是想通过对古典文化的整理，使全国的思想文化得到统一。然而，由于博士和诸生很多都是旧时代的学者，他们中的一些人推崇复古周礼的儒家思想，这和秦王朝当时崇尚改革的法家思想格格不入，因此矛盾的产生不可避免。公元前213年，秦始皇置酒咸阳宫，有博士七十人前来祝寿。当时有大臣进颂始皇，认为他平定海内，放逐蛮夷，日月所照，是传之万世的威德，始皇听后喜不自胜。此时，同来祝寿的儒学博士淳于越却说：“臣闻殷周之王千余岁，封弟子功臣，自为枝辅。今陛下有海内，而子弟为匹夫，卒有田常、六卿之臣，无辅拂，何以相救？事不师古而能长久者，非所闻也。”①实即提倡恢复封建，反对中央集权和君主专制。

秦始皇把他的意见交由群臣讨论，丞相李斯当即对这种观点作了驳斥。李斯认为，历史是发展的，时代不同，治理的方法也应该不同，上古三代并没有什么可效法的，儒生们“不师今而学古”，“道古以害今”，不但是错误的，而且会扰乱民心，制造混乱的局面。因此，他建议史官“非秦记皆烧之；非博士官所职，天下敢有藏《诗》《书》百家语者，悉诣守尉杂烧之；有敢偶语《诗》《书》者，弃市；以古非今者，族，吏见知不举者与同罪；令下三十日不烧，黥为城旦。所不去者，医药、卜筮、种树之书。若欲有学法令，以吏为师。”②

秦始皇采纳了李斯的建议，遂导致了历史上著名的“焚书”之祸，这一运动使民间收藏的儒家典籍遭受了毁灭性的破坏。到了第二年，卢生、侯生等儒生相与而谋，说始皇“天性刚戾自用”，“专任狱吏”，“以刑杀为威”，“贪于权势”，不应当为他求仙药——我们知道秦始皇一直有想要长生成仙的愿望——于是二人逃亡而去。秦始皇知道后十分恼火，于是就派人把他们逮捕，严加拷问。后来，由于诸生的招供和转相引告，牵涉出四百六十多人，秦始皇下令将他们坑杀于咸阳。这便是历史上所谓的“坑儒”事件。值得一提的是，此处的“儒”并不仅仅指儒家，而是术士、方士的统称。这一残酷的事件使

① 《史记·秦始皇本纪》。

② 同上。

儒学的发展遭受重创，人才凋零，这种文化专制的行为使此时的思想界充满了压抑的乌云。

秦朝以严刑峻法统一天下，建立了中国历史上第一个强大的中央集权国家，它的制度建构和国家管理，对中国两千多年来的影响巨大。然而秦的暴政，又使经历长期战乱的民众疲惫不堪、怨声载道，终致陈胜、吴广揭竿而起，各地义军纷纷响应，秦王朝只有两世便灭亡了。

总体而言，儒学在秦王朝的命运颇为特殊，它虽然没有得到统治者的完全提倡，但仍然是维系社会稳定的最基础的力量之一，并且，此时的儒学已经开始尝试与统一的国家意志合作。但是，显而易见的是，由于当时秦王的专制政策以及儒生们的不合时宜，儒学遭遇了有史以来最严重的打击，这些打击使儒学失去了以更加积极正面的方式参与国家社会建设的可能。

（二）汉初儒学

西汉初期，天下始定，思想界努力从秦王朝的“焚书坑儒”极端专制主义及其文化政策的打击和周秦之际残酷的战争创伤中复苏，各种思想由微而著，思想界呈现出错综复杂的局面。①

多年的战争，使当时整个社会的破坏十分严重，社会经

① 参见郭齐勇《中国哲学史》，第125页。

济处于崩溃的边缘。为了尽快恢复被破坏的经济，汉的统治者推行了轻徭薄赋、与民休息的政策，反映到思想领域，就是因任自然，无为而治。这就是史家所称道的“黄老之治”。

与此同时，很多儒家知识分子也活跃起来，他们大多经历过秦朝的建立和灭亡，因此不但保留了秦以前的儒家传统技艺，而且往往将总结秦亡教训，提出治国方略作为立论的基础，表现出学术与政治结合、思想为政治服务的特点，这其中包括张良、陈馀、朱建、刘交等，而尤以叔孙通、陆贾、贾谊为代表。

1. 叔孙通

叔孙通，汉初薛县人，生于秦世，约卒于汉惠帝元年（前194）。秦朝的时候，他曾是待诏博士，精通儒术，主张权变。时遇陈涉起事，秦二世召诸位博士商讨计策，诸位博士都说这是反叛，惹得秦二世十分愤怒。这时候叔孙通向秦二世进言说：“安有反者！此特群盗鼠窃狗盗，何足置齿牙间哉？郡守尉今捕诛，何足忧？”①他虽然这样说，却暗地里逃秦降楚，后来他又投降汉朝。为了求得刘邦的容纳，他甚至脱掉了儒生的服饰，穿着楚地的衣服，率弟子先以“群盗壮士”之名进之。等见到刘邦，他方才以儒术说服刘邦：“夫儒者难与进取，可与守成，臣愿征诸鲁生，与臣弟子共起朝仪。”②他遂成为汉朝礼制的创建者。

---

① 《汉书·卷四十三》。

② 《史记·叔孙通列传》。

对于“礼”，叔孙通主张应该随着时代发展而有所改变，“五帝异乐，三王不同礼。礼者，因时世人情为之节文者也，故夏殷周礼所因损益可知者，谓不相复也”[①]，因此他所制定的汉礼，在立足当时社会现实的前提下，对古礼、秦仪时有折中。叔孙通的这种做法，在当时引起部分儒生的反对，认为他“所事者且十主，皆面谀亲贵”，觉得他玷污了儒学。但实际上，我们考察这一时代思想界的状况可以发现，在这急剧变化的时代，正是由于叔孙通等儒者的变通，儒学才得以保存，所以司马迁称赞他“希世度务，制礼进退，与时变化，卒为汉家儒宗。‘大直若诎，道固委蛇’，盖谓是乎！”[②]

2. 陆贾

汉初另一位值得注意的儒家学者是陆贾。陆贾是楚人，生于秦世，约卒于西汉文帝前元十年（前170），是刘邦的辩士谋臣，因为善于言辞，经常被派去参与外事活动，曾经在平定南越时立下大功。到孝惠帝时，因为吕太后用事，陆贾于是病免而退居在家里。他后来在诛灭外戚、立孝文帝时亦颇有功。

陆贾的儒学思想主要体现在《新语》和《楚汉春秋》中。《新语》一书的产生，据说源于陆贾和高祖刘邦的一次争论。最初，高祖平定天下以后，志得意满，不料手下的陆贾不识趣，时时称说《诗》《书》，高祖说：“乃公居马上而

① 《史记·叔孙通列传》。

② 同上。

得之，安事《诗》《书》！”我们知道，在这之前高祖对儒学很不经心，他甚至在儒生的帽子里撒尿。但此时陆贾却回答说：“居马上得之，宁可以马上治之乎？且汤武逆取而以顺守之，文武并用，长久之术也。”[①]陆贾的一席话让刘邦哑口无言，于是命令陆贾将秦亡汉兴的经验教训写成文章，这就是后来的《新语》。

在《新语》中，陆贾认为，秦王朝的快速败亡，其原因在于它统一之后，不懂得“逆取而以顺守之”的道理，而是一味采取法家严刑峻法的政策，表面上看国家的领土不断扩张，实际却劳民伤财，得不偿失，“事逾烦，天下逾乱；法逾滋，而天下逾炽；兵马益设，而敌人逾多”[②]。因此，秦的败亡不在于它不想把国家治理好，而是不懂得政策应当顺应形势进行调整的缘故。在夺取天下以后，应该采取宽舒、中和的顺守之术，而不仅仅是严刑峻法。

“顺守”的关键，在陆贾看来，就是施行仁义。“仁者道之纪，义者圣之学。学之者明，失之者昏，背之者亡”[③]，“是以圣人居高处上，则以仁义为巢；乘危履倾，则以圣贤为杖”，“杖仁者霸，杖义者强”[④]。总之，陆贾认为只有施行仁义才是国家长治久安的关键。不过，需要注意的是，在陆贾的治国方略中，仁义并不占据最高的地位，二者还要受到道德的统摄。“立事者不离道德”，君子握道而治，据德而行，“利绝而

① 《史记·郦生陆贾列传》。

② 《新语·无为》。

③ 《新语·道基》。

④ 《新语·辅政》。

道著，武让而德兴”[1]，这表明陆贾的思想是兼取儒道而归宗黄老的，这也体现了战国以来百家思想融会、综合的总趋势。

3. 贾谊

除陆贾以外，贾谊也是汉初一位非常值得重视的儒家学者和思想家。贾谊是洛阳人，生于汉高祖七年（前200），卒于汉文帝前元十二年（前168），是西汉初期著名的思想家、政论家。因“颇通诸子百家之书”，弱冠之年便被举为文帝的博士。由于他上书文帝请求采取更加积极有为的政策，当时的元老们抨击他“年少初学，专欲擅权，纷乱诸事”，他因此遭到文帝的疏远，被放出京城，做了长沙王的太傅。他后来和孝文帝讨论鬼神的问题，到半夜时文帝因为听得入神，渐渐地靠近他，等结束以后文帝说：“我好久没见到你了，自以为能超过你，却还是比不上。”于是就拜贾谊为梁怀王的太傅。后来怀王因为骑马坠马而死，贾谊对此十分自责，认为自己没有尽到太傅的职责，因此常常伤感哭泣，不多久也死了，死时才三十三岁。贾谊的一生命运坎坷，他虽然怀着高远的志向，却得不到朝廷的重用，年纪轻轻便抑郁而终。稍后于他的司马迁对贾谊十分同情，有感于他的悲剧命运，把他和屈原一起合传，称许他对国家的热忱和坚贞。贾谊的代表性著作有《治安策》《过秦论》《鹏鸟赋》等，后人将它们合编为《新书》。

---

① 《新语·怀虑》。

与陆贾一样，贾谊也把总结秦亡的教训作为自己思想的出发点。在《过秦论》中，他系统地剖析了秦王朝失败的原因，指出其关键在于“仁义不施”。在贾谊看来，秦之所以能在战国诸雄中脱颖而出，一个很重要的原因是它采纳了商鞅的法家政策，“内立法度，务耕织，修守战之备，外连横而斗诸侯”。但是，法家的主张有其先天的不足，即它“遗礼仪，弃仁恩”，这种局限性在其扩张的时候不是很明显，一旦形势从取天下变成守天下，它的破坏性便显露无遗。因此，贾谊主张在形势已经转变的情况下，应该推行儒家的仁义政策。

在儒家的仁义思想中，他主要论述了“崇礼”和“重民”两方面。在贾谊看来，“礼”在国家社会政治生活中居于主导核心的位置，它是道德仁义得以实现的保障，是教化风俗得以完备的依靠。没有礼，是非纷争便无法得到裁决，而君臣父子的伦常秩序也无法得到确定。礼的实质在于分别，使每一个人都各居其职、各安其位，从而避免攘夺和僭越等破坏等级秩序的现象发生。他特别将礼和法作比较，认为严刑峻法虽然能对错误的行为进行惩罚，但实在是治标不治本，而仁义礼乐的教化才是真正维护社会公正与和谐的根本。

同时，贾谊从秦末的农民战争中看到了民众的重要性。他把“重民”看作施行仁义的不容忽视的方面。在他看来，“民者，万世之本也，不可欺”，“闻之于政也，民无不为本也。国以为本，君以为本，吏以为本”[①]，“故夫民者，不可不畏也”。因此，作为统治者，必须懂得善待士人，体

① 《新书·大政》。

恤民力，轻徭薄赋，约法省刑。实际上，贾谊的这种思想，亦可看作是儒家自先秦以来就极为发达的民本论思想的延续，这是儒家德治政治中非常重要的一面。

除“崇礼”和“重民”外，对于当时的西汉政治，贾谊还认为应该削弱王侯的势力，加强中央集权。这当然是新政权对于巩固其统治所必然要做的，而在理论上为这一中央集权的统治确立其合法性的，是汉代的思想家董仲舒。

二、定于一尊

（一）董仲舒

西汉社会经过文景之治，发展到武帝时期，经过几十年的休养生息，这时整个社会、政治、经济有了极大的发展。到汉武帝即位之时，由于汉武帝对儒学的向往，以及赵绾、王臧等儒学之士的努力，朝廷下令举荐德才兼备、性格正直而且通晓经学的文士学者。当时的制书是这样说的：

> 盖闻导民以礼，风之以乐。婚姻者，居屋之大伦也。今礼废乐崩，朕甚愍焉。故详延天下方正博闻之士，咸登诸朝。其令礼官劝学，讲议洽闻兴礼，以为天下先。太常议，与博士弟子，崇乡里之化，以广贤材焉。①

① 《史记·儒林列传》。

武帝的这一举措促进了儒家经学的教授和传播，儒家学者公孙弘甚至因为精通《春秋》而步步高升，从一介平民荣居天子左右的三公，被封为平津侯。自此，天下学子莫不心驰神往，潜心钻研儒学。

公孙弘曾拜为博士，他害怕儒学遭受阻滞不能传扬，因此上奏请求为每个博士官配置弟子五十人，免除他们的赋税徭役。让太常从百姓中挑选十八岁以上仪表端正的人，补充博士弟子。郡国、县、道、邑中有喜好经学、尊敬长上、严守政教、友爱乡邻、出入言行皆不违背所学教诲的人，县令、侯国相、县长、县丞要向上级郡守和诸侯王国相举荐，经其认真察看合格者，应与上计吏同赴京师太常处，接受和博士弟子相同的教育。他们学满一年都要考试，能够精通一种经书以上的人，补充文学掌故的缺官；其中成绩好名次高的可以任用为郎中，由太常造册上奏。若是特别优异出众的，可直接将其姓名向上呈报。那些不努力学习、才能低下以及不能通晓一种经学的人，就要被罢黜，并惩罚举荐他们的不称职的官吏。挑选其中官秩比同二百石以上的人和百石以上能通晓一种经学的小吏，升补左右内史、大行卒史；挑选比同百石以下的人补郡太守卒史，各郡定员二人，边郡定员一人。优先选用熟知经书能大量讲诵的人，若人数不够，就选用掌故补中二千石的属吏，选用文学掌故补郡国的属吏，将人员备齐。公孙弘的奏请得到汉武帝的支持，被记入考选学官的法规，奠定了中国文官制度的基础。①

① 参见《史记·儒林列传》。

伴随西汉社会的发展，政治上中央集权的趋势越来越明显，因此在思想文化上急需一种新的理论对此作出说明。此时，在儒家知识分子的阵营中，出现了一位非常重要的人物——董仲舒，他适应时代的要求，成为汉代儒学发展的一大关键。

1. 董仲舒的生平

董仲舒，广川人，生于公元前179年，卒于公元前104年。他因为擅长关于《春秋》的学问，在孝景时被立为博士。据说他居家教授，上门求学的人很多，不能一一亲授，弟子之间便依学辈先后辗转相传，以至许多人连他的面都没见过。他甚至足不出户，三年间不曾到屋旁的园圃观赏，真是精思专一到了极致。他的品格高尚，进退容止完全按照礼仪的要求，很多人都愿意做他的学生。到汉武帝即位，在全国举贤良文学以求治国之方，此时董仲舒先后三次上《天人三策》，发挥前辈思想家如王臧等人的思想，主张顺应《春秋》大一统的趋势，结束“师异道，人异论，百家殊方，指意不同”的混乱局面，实现思想上的大一统。由于他的理论回答了汉武帝关于政权合法性的问题，并且适应了武帝想要加强中央集权的愿望，他因此受到武帝的重视，被封为江都相。对于治理国家，他主张以《春秋》灾异之变以推阴阳所以错行，从而采取相应的措施。当时辽东高庙和长陵高园发生火灾，董仲舒认为这是上天对统治者的谴告，并由此推说当杀近亲权贵以自省，这件事被主父偃偷偷上奏后几乎给他招来杀身之祸，从此他就不言灾异。董仲舒为人廉直，晚年一直专心学问，从来不关心家里的产业。朝廷有什么疑问、议论，常常派人到他家里请教。他最后终老在家里，可谓善始善终。①由于董仲舒对汉代思想文化的巨大贡献，他赢得了大批的追随者，史学家司马迁、刘向等都对他赞赏不已，人们因此而称他为“汉代孔子”。他的著作，除上面提到的《天人三策》，后人将其整理成册，即《春秋繁露》一书；其余散见于史籍的资料，被后人辑为《董子文集》。

2. 董仲舒的思想

董仲舒思想的逻辑起点是“天”。董仲舒认为，天是万物之主，是宇宙中一切事物的根源，包括人在内的万物都是由天产生的。天作为万物的根本，通过阴和阳的相互参与而产生万物，然后按照四时和五行的规律来运行。董仲舒把《尚书》里水、火、木、金、土的顺序稍作调整，变成木、火、土、金、水，使得五行具备了“比相生，间相胜”的规律性，天正是通过五行的相生相克的自然作用来运行的。他的这些思想很明显受到先秦阴阳、五行学说的影响，也显示出汉代儒学的发展不仅仅是先秦儒学思想理论的延续，更有一种综合百家、互有去取的趋向。

在认识到天创造万物的基础上，董仲舒进而把理论中心转移到人。在他看来，人是天所生，“为生不能为人，为人

① 参见《史记·儒林列传》。

者，天也。人之为人本于天，天亦人之曾祖父也”[①]。既然人的出现只能是天作用的结果，那么人就具有类似于天的性质，或者从根本上讲，天正是按照自己的面目来创造人的，因此人的形体和情感意志都是对天的模仿。人的首隆而圆，像天之圆；人的头发，像天上的星辰；人的耳目，像天的日月；人的366个小骨节，像一年的日数；12个大骨节，像一年的月数。“人之形体，化天数而成；人之德性，化天理而义；人之好恶，化天之暖清；人之喜怒，化天之寒暑；人之受命，化天之四时。”[②]总之，人的一切，都是按天数的规律而形成的。天覆育万物，化而生之，又养而成之，终而复始，世界的一切都是为了奉养人。

既然人是天的副本，是效仿天的形象而产生的，因此我们可以说人和天是同类。由于同类事物之间能够相互感应，因此人和天也可以相互感应，这就是所谓的“天人感应”。在董仲舒看来，天人感应的现象是普遍存在的，小至人的身体和天气的感应，大至人类社会的治乱和天道运行的关系，无一不表现着这样的感应。具体而言，人类社会的治乱兴衰会影响到天道的运行，而天也会通过灾异或祥瑞来体现它对人间治理情况的意见。天会降下灾异来谴告人间统治者的过失，也会降下祥瑞之兆来预示有德者的兴起。总之，天人感应是一个天作用于人、人作用于天的循环系统，而董仲舒的意思，实在是要借助“天”给人间的统治者以限制、威慑和警示。

① 《春秋繁露·卷十一》。
② 《春秋繁露·人副天数》。

在天人感应的系统中，天子是一个关键。董仲舒认为，“德侔天地者称皇帝，天佑而子之，号称天子”①，“唯天子受命于天，天下受命于天子”②，即是说天选择天子作为它在人间的代言人，天子正是通过受命的方式获得他的政治合法性。一个新王朝的建立，表明天已经将福命从悖德乱行的原统治者那里收回，重新赐给新王朝的统治者。当新王朝的统治者接受天命成为天子后，他必须在居处、称号、正朔、服饰等方面作出相应调整，以显示其与旧王朝的差异。他的这个改制的思想，具体表现在“三统三正”的理论中，即由黑、白、赤三种颜色代表不同德的转移，于是形成黑统、白统、赤统的秩序。

董仲舒的这种“三统三正”的理论，其实是一种循环论的历史观，历史的变化，就是“三统”的周而复始。他用改制的办法来表现历史的变化和天命的转移，但在他看来，治理社会的根本原则和精神却是永远不变的，即“天不变，道亦不变”。总之，董仲舒的天人感应、灾异谴告、受命改制的思想，尽管弥漫着某些神秘色彩，但它确实为汉朝政治的合法性提供了根据，并且也为制约天子的皇权保留了超越性机制。

他的人副天数、天人感应理论，除了在社会政治领域的运用外，也涉及人性及伦理方面。在董仲舒看来，人性与天道是吻合的，天有阴阳之施，人也有贪仁之性。人性受自于天，“可养而不可改，可豫而不可去”③。他把人性分为

① 《春秋繁露·三代改制质文》。
② 《春秋繁露·为人者天》。
③ 《春秋繁露·玉杯第二》。

三类，一类是圣人之性，纯善无恶；一类是斗筲之性，即孔子说的“下愚”之性；除了这两者以外，剩下的是“中民之性”[①]。董仲舒认为，圣人之性和斗筲之性都是极少的、不能改变的，只有中民之性才是我们一般说的人性，他借此对孟子和荀子的人性论作了批评，认为他们的观点都过于片面。他把人性比喻为禾苗，把善比喻为稻米，禾苗虽然能够长出稻米，但禾苗并不就是稻米；同样的道理，人性虽然可以为善，但人性并不直接就是善，如果想得到善，必须借助于王道的教化。对于普通人而言，正是通过天子的教化，他的善的潜质才发展和表现出来。反过来，作为天子，正是“承天意，以成民之性为任者也”[②]。

由于王既是国家唯一的合法受命者，又是灾异谴告的直接对象，还是实行王道教化的权威，王因此成为现实社会、政治的一大顶点和关键。董仲舒把这种尊天（即尊王）的思想和阴阳的观念结合起来，提出了著名的“三纲”理论。他认为，既然天地间万事万物都有阴阳，因为阴主刑杀、黑暗、寒冷等负面价值，而阳主生长、温暖、赐予等正面价值，因此阳总是高于阴的。在伦理生活中，君、父、夫是阳，臣、子、妻是阴。由于阳为主，阴为合，因此前者总是处于主导地位，而后者则必须从属于前者，这就是“君为臣纲”“父为子纲”“夫为妻纲”的三纲。[③]

① 《春秋繁露·实性》。

② 《春秋繁露·深察名号》。

③ 参见郭齐勇《中国哲学史》，第137—146页。

3. 董仲舒的影响

虽然董仲舒本人没有受到重用，但他的思想却代表了汉代儒学发展的最高水平，并且被统治集团运用，对后世产生了非常深远的影响。他把儒家“天人合一”的思想，发展成为宇宙论体系，使儒家“人与天地参”的理想得到了具体的落实。在他庞大的体系中，自然、社会、政治、人伦、道德等都被吸纳进去，各家各派的思想资源都被综合在一个基本的精神之下，总之，他把儒学推向了一个新的阶段。

首先，由于董仲舒的建议以及汉武帝“罢黜百家，独尊儒术”的政策，使得儒家从草根的一家之学，成为中央集权政府所提倡的官学，五经博士的确立，使儒家经典成为整个社会运行的指南，对两千年的文化、生活产生了非常重要的影响。由于统治者的提倡，儒学成为当时社会的意识形态，因此有向经学化和神学化发展的倾向。到汉宣帝时，为了进一步统一儒家学说，加强思想统治，于甘露三年（前51）诏萧望之、刘向、韦玄成、薛广德、施雠、梁丘临、林尊、周堪、张山拊等儒生，在长安未央宫北的石渠阁讲论“五经”异同，由汉宣帝亲自裁定评判。石渠讲论的奏疏经过汇集，辑成《石渠议奏》一书，又名《石渠论》。经过这次会议，博士员中《易》增立“梁丘”，《书》增立“大小夏侯”，《春秋》增立“穀梁”，儒家的经学与政治的关系更加密切了。①

① 参见许抗生等《中国儒学史》（两汉卷），北京大学出版社2011年版，第183页。

其次，由董仲舒所阐发的儒学思想，不但在思想文化上，更在制度上深刻影响了汉朝及以后的社会发展。这一思想首先对取士制度的确立产生了根本性影响。在董仲舒之前，平民进入政府机关的途径主要是通过皇帝的征辟和高官的察举，这些方法当然有用但也有不少缺点，董仲舒认为，国家应该兴太学，置明师，养天下之士，数考问以尽其材，只有这样，才能真正保证国家对于人才的需求，并且保证中央集权对于意识形态的贯通。董仲舒的这一建议被采纳，到汉武帝元朔五年（前124）正式兴立太学作为选拔官员的重要机构。这是后世科举制第一阶段的发展，对于中国文官制度的兴起和塑造有很大贡献。

在经济制度方面，董仲舒强调减轻农业赋税，减少土地兼并，取消盐铁专卖。他的这一想法在武帝时期虽然没有实现，但成为后来很多儒家知识分子的思想资源。到汉昭帝时期的盐铁会议上，贤良文学的儒家学者又重新提出了董仲舒的理念，并取得了很好的效果。此外，在法律系统上，董仲舒以儒家精神为指导，试图影响当时的司法制度。他所提倡的“原心定罪”的《春秋》精神以及“亲亲相隐”“君亲无将”等原则，被广泛地运用到汉代司法判决中，对社会治理产生了积极影响。

总之，董仲舒作为先秦儒学的继承者和汉代儒学的奠基者，他的思想对此后的中国社会产生了长远的影响。从儒学自身的角度而言，他促使儒学由诸子中的一家，变成了中央集权政府的官学，并且成为整个社会的意识形态。儒学的独尊一方面极大地促进了自身的发展，另一方面却又让它变得僵化、烦琐，失去往昔的活力，到东汉后期，这种状况所造成的负面影响很快便显示出来。当然，历史文化思潮的发展方向，此时已不是董仲舒个人能够左右的了。①

（二）谶纬之学及其反对

由董仲舒引领的西汉今文经学发展到后期，颇以灾异之说批评时政。而政治上的混乱局面也促使各方政治力量采取祥瑞说，以伪托神意的方式为自己造势，以寻求自身行动的合法性，于是有谶纬之学的发展。所谓“谶”，实际上即一种预言，特别是应验了的预言。“纬”则是相对于经而言的，是当时的思想家们通过神学的方式对儒家经典的解释。因为汉光武帝是借助于谶纬上台的，他很清楚谶纬的力量，于是在中元元年（56），宣布图谶于天下，把谶纬之学正式确立为官方的统治思想以致争议不断。

到章帝建初四年（79），汉章帝依杨终的奏议，仿西汉石渠阁会议的办法，召集各地著名儒生于洛阳白虎观，讨论五经异同，这就是历史上著名的白虎观会议。这次会议由章帝亲自主持，参加者有魏应、淳于恭、贾逵、班固、杨终等，会议由魏应秉承皇帝旨意发问，淳于恭代表诸儒作答，章帝亲自裁决。此后，班固将讨论结果纂辑成《白虎通德论》，又称《白虎通义》，作为官方钦定的经典刊布于世。

① 参见许抗生等《中国儒学史》（两汉卷），第142—144页。

从精神主旨看，这次会议继承了董仲舒天人感应的框架和人理法天道的模式，发展了董仲舒的纲常伦理思想。

纬书的种类主要有：

《尚书中候》十八篇。这是产生比较早、质量比较高的纬书，所以影响也较大。它原不属于七经纬之列，所以汉代把它和其他纬书并称为“纬候”，“候”就是指该书。

七经纬，即《易纬》《书纬》《诗纬》《礼纬》《春秋纬》《乐纬》《孝经纬》。

《河图纬》《洛书纬》。古书称引一般只称《河图》《洛书》，如《河图稽耀钩》《洛书灵准听》等。汉人认为古代的河图、洛书是一种有图有文的图书，因此这十五篇被视为“经”，那么它也可以有“纬”，于是衍生出很多篇目。

《论语谶》。在汉代，《论语》和《孝经》本不属于“经”类，而属于“传记”类，地位低于“五经”，所以不列入经典。但是它记录的是孔子及其弟子的言行，在儒家的书籍中具有很高的地位，所以也为它造了纬书，因为它不是“经”，所以不能称“纬”，而称“谶”。

杂谶，如《孔老谶》《老子河洛谶》《孔子明王镜》《尹公谶》《刘向谶》《嵩山道士歌》等。严格地说这些书不能算作“纬”，因为它无“经”可比附，但因汉代谶纬不分家，所以也可以视为纬书类。

谶纬之学发展到后期，引起了思想界的反对，代表人物有扬雄、桓谭、王充、荀悦、徐幹等人。

1. 扬雄

扬雄（前53—前18），成都人，西汉末年著名的思想家。自幼口吃，不喜章句，好深湛之思。少年的时候，扬雄曾拜著名道家学者严君平为师，在严君平的影响下，扬雄不慕富贵，不戚贫贱，淡泊寡欲而有志于道。年轻时候的扬雄喜好辞赋，后来兴趣转移到思想方面。他试图沟通儒道，通过恢复原始儒家的观念来廓清当时重谶纬好灾异的思想风气。①他仿照《论语》写作了《法言》，仿照《周易》写作了《太玄》，其思想主要体现在这两本书中。

《法言》一书，不管在形式还是内容上，都可以看出扬雄对《论语》的模仿，他的宗旨在于从实质上阐发和表彰儒家特别是以孔子、孟子为代表的圣人之学。扬雄认为，人性有善有恶，修其善则为善人，修其恶则为恶人，因此在他看来，作为人最重要的就是学习成为一个君子。“人而不学，虽无忧，如禽何？学者，所以求为君子也。求而不得者有矣，夫未有不求而得之者也。”②这种学习，既包括具体的视、听、言、貌、思的知识，更重要的是学以致用。他特别强调老师的作用，认为应该以圣人为效仿的对象，圣人在世时，以他为模范；圣人去世后，以他的书作为法典。学习的过程应该像水浸润土地，积累渐进，没有止境。

扬雄的《太玄》借鉴了《周易》的宇宙生成模式，吸收道家及阴阳家的思想，构造了一个涵盖宇宙、社会、人生各

① 参见郭齐勇《中国哲学史》，第151页。

② 《法言·学行》。

方面的庞大体系。他用一分为三的办法来表征天、地、人三才的关系，“玄”即宇宙本体，它通过四起（方、州、部、家）和三生（思、祸、福）的方式来展现自身。三种基本的玄画在方、州、部、家四个方位交错排列，一玄覆三方，三方同九州，九州载二十七部，二十七部分为八十一家并七百二十九赞。

扬雄追随孔子，以孟子自况，他的这些具有创造性的思想是他给后世遗留的宝贵遗产。与他同时的桓谭认为他的作品绝伦，简直可以和先秦诸子比肩。唐代的韩愈则认为他大醇而小疵，和荀子差不多。实际上，扬雄虽然尊崇孔孟，但他并不盲从，他对于各家虽然多有批评，亦不绝对摒弃，这恰好显示了他博采众家的胸怀。

2. 桓谭

此时还有一位批评谶纬学的思想家桓谭。桓谭（前23—56），字君山，沛国相（今安徽淮北）人。桓谭精研五经，博学多才，曾经从刘歆、扬雄辨析疑义，由于不喜章句之学，喜欢非毁俗儒，因此多受排挤。桓谭在哀平间曾担任奉车郎，新莽时做掌乐大夫，到汉光武帝时被征为待诏，由于反对图谶，触犯汉光武帝，几乎招来杀身之祸，最后被贬为六安郡丞，死于赴任途中。桓谭的著作主要有《新论》一书共二十九篇，清代严可均《全汉文》对其作了较完备的收集。

桓谭深受古典儒学的影响，反对谶纬之学，认为谶纬一类的奇谈怪论并不是由古代圣人传下来的，而是后人假托圣人之名胡乱编造的。“观先王之所记述，咸以仁义正道为本，非有奇怪虚诞之事。”[①]后世巧慧小人为达到自私的目的东拼西凑，胡乱编造，欺惑贪邪，诖误人主。在桓谭看来，国家的兴衰、政治的治乱，在根本上取决于国家事务处理得是否恰当，与鬼神祭祀没有关系，所谓的灾异，其实只是一种自然现象，只有昏聩无能的统治者才把希望寄托在虚无缥缈的谴告上。作为明君贤臣，遇到这些现象应该反省自身，“修德善政，省职慎行以应之”[②]，这样才可以转祸为福，实现政治的昌明。

此外，桓谭对形神关系问题也十分关心。他提出了著名的“烛火之喻”来阐释精神和肉体的关系。桓谭认为，形体好比蜡烛，精神好比火光，“精神居形体，犹火之燃烛矣”，“烛无，火亦不能独行于虚空”[③]。在这个基础上，桓谭承认修身养性对于精神与形体存养的积极意义，但并不赞同当时修行者提倡的通过断情灭欲来养生的偏激主张，认为形体必老，生命必亡，这是自然的代谢，无法逃避。

年近七旬的桓谭因为反对谶纬之学而遭贬斥，病死在发配途中，为坚持真理而献出了自己的生命。他的批判性精神被王充所继承，而他的理论，则成为范缜《神灭论》的思想先导。

---

① 《抑谶重赏疏》。
② 《新论·谴非》。
③ 《新论·形神》。

3. 王充

王充（27—约97），字仲任，会稽上虞（今属浙江）人，出身于寒门庶族，曾受业于班彪，学识渊博，不守章句，有独立的见解。由于家贫无书，王充常游洛阳市肆，阅所卖书，一见辄能诵忆，遂博通众流百家之言。他曾经以教书为生，后来担任功曹小吏，因为刚直好谏而丢掉官职。作为杰出的思想家，王充主要写作了《论衡》《养性书》《政务》等作品。

在《论衡》中，王充高举“疾虚妄”之旗，批判当时的灾异说。

王充认为，“元气”是天地万物的原始物质基础，“天地合气，万物自生”，“犹夫妇合气，子则自生也”[①]，天地化生万物都是自然而然的事，并不是天地有意为之。此外，他批评灾异和谴告说，认为这些都是自然界中偶然出现的现象，并不含有天的意志，只是因为“末世衰微，上下相非”，因此才会出现以灾异现象附会出许多谴告的说法。他还认为“人未生在元气之中，既死复归元气”，既然人的精神派生于形体，不能离开形体单独存在，因此人死以后形体朽败，精神也随之散亡，并不存在人们所说的鬼。

4. 附：荀悦、徐幹

荀悦（148—209），字仲豫，颍川颍阴（今河南许昌）人，东汉史学家、政论家，荀淑之孙，荀俭之子。据说荀悦幼时聪慧好学，因家贫无书，每到人家，遇书即读，过目成

① 《论衡·自然》。

诵，十二岁时便能讲《春秋》。荀悦的性格沉静，姿容美丽，尤其喜欢著述。汉灵帝时，因宦官用权，荀悦于是托疾隐居家中。到汉献帝时，他应曹操征召，进入镇东将军的军府，历任黄门侍郎、秘书监、侍中等职。他曾与从弟荀彧和孔融侍讲献帝宫中，旦夕谈论。献帝因为《汉书》文繁难懂，命他用编年体改写，荀悦于是按照《左传》的体裁，写成《汉纪》三十篇，时人称其“辞约事详，论辨多美”。荀悦另外还写了《申鉴》《崇德正论》等著作，在这些作品中，他抨击谶纬符瑞，反对土地兼并，主张为政者要“兴农桑以养其性，审好恶以正其俗，宣文教以章其化，立武备以秉其威，明赏罚以统其法”，表现了他的社会政治思想。

荀悦从君、臣、民的关系入手，认为君是国家的元首，臣是国家的股肱，民是国家的手足，“天下国家一体也”，君、臣、民互为依存，理想的君、臣、民的关系应该是“上下有交”。在这个基础上，他视仁义之道为治理国家的根本，“夫道之本，仁义而已矣”①。王者之政在于承天、正身、任贤、恤民、明制和立业。作为统治者，他应该善于教化，褒奖善行，善于立法禁止邪恶，摒除伪、私、放、奢四患，以身作则，身体力行，爱民、惠民，只有这样，才能形成一个好的社会。

荀悦的《汉纪》《申鉴》皆寓资政之深意。唐太宗曾经评价《汉纪》说此书“论议深博，极为政之体，尽君臣之义”②，并嘱意他的官员阅读此书。明代何孟春称赞《申鉴》

① 《申鉴·政体》。

② 《贞观政要》卷二。

中的文章“无贾谊之经制而近于醇，无刘向之愤激而长于讽”[①]，可见荀悦的思想文章在历史上的流行和广泛影响。[②]

徐幹（170—217），字伟长，北海剧县（今山东昌乐）人，东汉末年思想家、文学家。据说徐幹小时候受家庭的影响很喜欢看书，废寝忘食，夜以继日，以至父亲因为担心他搞坏了身体而常加以禁止。徐幹聪识洽闻，草翰成章，与孔融、陈琳、王粲、阮瑀、应玚、刘桢被并称为“建安七子”。建安中，曹操礼聘要他出来做官，因病不行；后授上艾县令，又以疾未就。徐幹后来曾担任过司空军谋祭酒掾、五官中郎将文学等职，最后因为政治动乱，士风沦丧，因此无意仕进，辞官归乡，专心于学术研究和教授门徒。建安二十二年（217）徐幹由于感染疾病而去世。魏文帝曾经向吴质夸奖徐幹，说他“怀才抱质，恬淡寡欲，有箕山之节，可谓彬彬君子矣”[③]。作为当时著名的文学家，徐幹写作了大量的作品，《答刘桢》《玄猿赋》等是其中的代表作，而使他从众多文学家中脱颖而出成为一个极具影响的思想家的，则是他写作的《中论》一书。

《中论》是针对当时文人、士君子崇尚华丽辞藻而不注重阐发大义、弘扬圣贤之道的风气而作的。在徐幹看来，学习是个人长进的唯一途径，“昔之君子，成德立行，身没而名不朽，其故何哉？学也”。学习可以“疏神达思，怡情理

① 《申鉴注序》。

② 参见中国孔子基金会编《中国儒学百科全书》，中国大百科全书出版社1997年版，第493页。

③ 曹丕：《与吴质书》。

性”。如同太阳照到黑暗的屋室里，所存器物立刻昭然可观一样，学习就像照亮内心的太阳，可以启蒙开智。对于学习的内容，徐幹认为应该广闻博取，但并不是没有先后轻重，“凡学者，大义为先，物名为后，大义举而物名从之”[①]。此外，他还强调学习必须懂得什么是根本，“人心莫不有理道，至乎用之则异矣。或用乎己，或用乎人。用乎己者谓之务本，用乎人者谓之近末”[②]。这是对儒家传统中修己的强调。在这个基础上，他严厉地批评了当时朝政废弛、道德沦丧以致学风败坏的现象，大量的士人离开故土，四方交游，不修德行道艺，徒然夸夸其谈，矫饰其行，沽名钓誉，整个社会文化因此走向衰败。

徐幹在文学上以诗赋见长，刘勰曾经称赞他是有魏一代的“赋首”。而对于《中论》，清代龚自珍曾评价说：“徐幹《中论》，论儒者之蔽，既见要害，击而中之。”可见他思想的深刻。

三、两汉经学

（一）今文与古文

两汉儒学的主要形式是经学，经学的发展奠定了汉代以后儒学发展的基础。

我们都知道，五经即《诗》《书》《礼》《易》《春秋》

① 《中论·治学》。
② 《中论·务本》。

是儒家的经典。实际上，《诗》《书》等在孔子之前已经存在，到了孔子的时候，他根据自己的理解，对五经作了很多整理和发挥。由于孔子的巨大影响，在他之后儒家逐渐发展成为诸子百家中显耀的一家。到秦代，秦始皇设立博士官，对先秦经典作了大规模整理，儒家经典的大致面貌在此时基本成型。秦的焚书坑儒运动以及秦末战乱特别是项羽焚烧秦的宫殿，使大量的古籍遭到损失破坏，这是很可惜的事。到汉代，汉惠帝废除“挟书律”，使得民间著述和藏书蔚然成风，文化事业获得长足的发展，惠帝之后的文帝和武帝都鼓励献书，到汉武帝罢黜百家、独尊儒术，儒学又重新受到重视，武帝还设立了五经博士，这些措施加快了对儒家经典的恢复和整理工作。这个时候，一方面为了整理经典，一方面儒家的经典成为国家、社会行为的典范，经学因此成为儒学的核心。

不过，说到经学，却有今文经学和古文经学的分别。今文经学的历史可以追溯到秦时所立的博士官，到汉武帝时设立五经博士，儒家经典的流传开始繁荣起来，并且在政府中被列为正统。他们所尊奉的经典，是从秦末一直口耳相传保留下来的，经典的书写也与时变化，都是以当时流行的“隶书”写成，所以被称为“今文经”。今文经学的主要代表有胡毋生、董仲舒等人，他们认为孔子是圣人，是政治家、哲学家，是“为汉制法”的“素王”，而六经大部分是孔子作的，其中蕴涵有孔子的微言大义，是孔子托古改制的手段，有其深奥的义理。他们根据这一理念排列经典的顺序，由初级至高级依次为《诗》《书》《礼》《乐》《易》《春秋》，并且特别偏重《春秋》，坚持认为孔子的微言大义的精神，都潜藏在《春秋》三传尤其是《公羊传》中。

今文经学到西汉宣元时期开始进入鼎盛时期。据《汉书·儒林传》记载，昭帝时举贤良文学，增博士弟子员满百人，宣帝末倍增之。元帝好儒，能通一经者就可以免除徭赋。宣帝还亲临石渠阁会议，裁决经学内部纠纷，增立梁丘《易》、大小夏侯《书》及穀梁《春秋》博士。实际上，由于今文经学特别是谶纬神学与政治的密切关系，它在整个汉朝都处于主流的地位。

在所有治今文经学的学者中，除了我们已经提到的，比较有代表性的有以下这些人：治《易经》的有施雠、孟喜、梁丘贺、京房四家，前三家皆本田何；治《诗经》的有鲁申培、齐辕固、燕韩婴三家；治《礼》（三礼）的有鲁高堂生，梁大戴、小戴，沛庆普；治《尚书》的有伏生、欧阳和伯、孔安国、周霸、贾嘉；治《春秋》的有齐胡毋生（《公羊春秋》）、东海严彭祖（《严氏学》）、鲁颜安乐（《颜氏学》）、瑕丘江公（《穀梁春秋》）。

在今文经学繁荣的同时，一些民间藏匿的经书被重新发现，虽然不曾得到政府的承认，但逐渐流传，这一派所依据的经书往往为汉代以前的文字所写，因此被称为“古文经”。这其中比较重要的，如《汉书·艺文志》曾记载：“武帝末，鲁恭王坏孔子宅，欲以广其宫，而得《古文尚书》及《礼记》《论语》《孝经》，凡数十篇，皆古文字也……遭巫蛊事，未列于学官。”很多思想家认为这些古文经典更加接近原来儒家的思想。

自西汉晚期开始，古文经学在刘歆的积极倡导下获得振兴，引起很多学者的兴趣，这其中的代表人物有贾逵、许慎、马融、服虔、卢植等，弟子众多，影响很大。在主张古文经学的学者看来，孔子是一个史学家，六经则是上古文化典章制度与圣君贤相政治格言的记录，孔子的功绩在于整理前代史料，传授后人。孔子实际上述而不作，故六经非孔子所为，而是周公所作，他们因此更尊崇周公。他们根据经典产生的时间先后，认为经典的顺序应是《易》《书》《诗》《礼》《乐》《春秋》。由于他们注重对经文本义的理解和典章制度的阐明，所以，他们特别看重的是《周礼》。

（二）郑玄

由于经书的传承、解释存在分歧，形成了关于儒家经典的今文、古文两派。然而实际上，特别是到东汉后期，许多儒家学者可能两派兼修，所以界限并不是十分明显。这其中尤以经学大家郑玄为代表，他在今、古文两派都有极深的造诣，并且以集经典注释之大成而闻名。

1. 郑玄的生平

郑玄，字康成，北海高密（今山东高密）人，生于东汉顺帝永建二年（127），卒于东汉献帝建安五年（200）。郑玄的祖上曾一度非常显赫，到郑玄出生时已经衰败了。他年轻时曾是乡里的啬夫，但他的兴趣却不在这上面，而是一心想要研习学问。他后来到太学接受教育，师事京兆第五元先，学习《京氏易》《公羊春秋》《九章算术》等，后来又跟随张恭祖学习《周官》《礼记》《左氏春秋》《韩诗》《古文尚书》。他的学兼古今从这时候就开始了。这以后，他又西入关中，投到经学大师马融门下。马融是扶风茂陵（今陕西兴平）人，东汉名将马援的从孙，学识渊博，遍注儒家经典，尤擅长古文经学，被公认为全国最著名的经学大师。当时马融作为经学大家，又一贯骄傲，郑玄在他门下三年都没能见他一面。有一次，马融召集诸生考论图谶，涉及浑天仪方面的历算问题，大家都无法解决，这时有人说郑玄精于数术历算，马融于是召见了他。郑玄不负众望，顺利地解决了难题，于是有机会向马融当面请教，他就把心中的疑问一一向马融询问，这事结束后不久他就回家了。临走时，马融带领三百弟子为他送行，望着他东去的身影，马融感叹道："郑生今去，吾道东矣！"郑玄回家后由于"党锢之祸"的牵连，被命令不准离开家里，他索性不理世事，闭门读书，集中全部精力来进行经典的注释工作，取得了巨大成就。除了学术方面的创造外，在个人德性上，郑玄的不慕荣利、淡泊治学也深得当时人们的广泛尊敬。传说当时的大将军何进对他十分礼待，刘备也曾向他请教过问题，就连黄巾军也崇敬他。到汉献帝建安五年（200），郑玄已经七十四岁了。这年春天的一个晚上，他梦见孔子对他说："起，起，今年岁在辰，来年岁在巳。"他考证谶言，知道自己将不久于人世，六月的时候果然去世了。郑玄一生遍注群经，所注有《周易》《尚书》《毛诗》《仪礼》《礼记》《论语》《孝经》《尚书大传》《中候》《乾象历》，又著《天文七政论》《六艺论》《毛诗谱》等近八十种，凡百万余言。甚至在弥留之际，他仍着手修订《周易注》。

2. 郑玄的功绩

郑玄对于经学的贡献，首先在于他对经典的整理和统一。郑玄之前，经学发展到东汉，今古文派的争论日益激烈，甚至在各派中意见也很难统一，常常是互相攻击。特别是在涉及朝廷设博士、立官学问题的时候，这种分歧就越发明显了。到郑玄时，他从老师张恭祖的开放式的治学态度中受到启发，逐渐打破了今文经学和古文经学的藩篱，打破了经学的师法、家法传统，不专守一师之说、尊一家之言，常常是在今古文中有所辨别和折中。

郑玄一生用力最勤且成就最著者是对“三礼”的注疏。“三礼”中《周礼》属于古文经学，《仪礼》属于今文经学，《礼记》则是今文古文杂糅。最初，“三礼”仅靠师徒口耳相授，并没有确定的注解，到马融时才为《仪礼》的“丧服”篇作注。郑玄不满于这种状况，他不依今文、古文之名，而是兼收并蓄、择善而从，分别为《周礼》《仪礼》《礼记》作注，并依据自己的泛观博览，为“三礼”补充了许多经文之外的材料，极大地丰富了“三礼”的文献内容。他的“三礼”注上至天文地理，下至虫鱼鸟兽、社会风俗、政治制度、礼乐文教等，无所不包，简直是一部中国封建时代社会生活的百科全书。

对于《春秋公羊传》，那时今文经学大师何休以研究《公羊传》著称，何休著有《公羊春秋解诂》一书，当时影响很大。何休认为《公羊传》体大思精、义理深远，就像墨子的城防一样无懈可击；至于《穀梁传》《左传》二传，犹如人已病入膏肓、肢体废疾，均存在致命缺陷。郑玄针对此种情况写了《发墨守》《针膏肓》《起废疾》三篇文章，对何休的观点逐一加以驳斥。郑玄认为，《公羊传》并非像何休所说的那么无懈可击，《穀梁传》《左传》二传也各有其价值，“三传”各有所长，也各有所短，不可偏废。何休承认郑玄的反驳很有道理，他曾感叹说：“康成入吾室，操吾矛，以伐我乎！”由此可见郑玄论学的严密和审慎。

相传郑玄还曾计划注释《左传》，他已经着手这项工作，不过没有完成。有一次他在客栈听闻一位素不相识的房客与人谈到自己注《左传》的想法，颇为叹服，便主动上前问候，说道：“我早已有注释《左传》的想法，但还没有完成。今天有幸听了您的一番高见，很多都和我的想法相同。我决定将我已经完成的那部分注释全部送给您作参考。”这位素不相识的房客就是服虔。两人由此相识，并成就了服虔的《春秋传服氏注》。

此外，郑玄对《周易》《论语》《孝经》等经典也都作了精彩的注解。总体而言，郑玄的注释立足于训诂和对名物制度的解释，打破今古文家法、师法的藩篱，博综众家，择善而从，可谓两汉今古文经学名副其实的集大成者。他的这些注释一经流传，很多人都跟着学习，原先各守门户的今文经学与古文经学逐渐失去了市场，人们转而崇尚“郑学”，“郑学”也因此逐渐成为“天下所宗”的儒学。清代的史学家皮锡瑞曾总结说，正是“郑学”的出现，使中国经学的发展产生了重要变化，经学从此进入到一个“统一时代”。[①]值得一提的是，从唐代起，郑玄所笺注的《毛诗》和“三礼”被认定为儒家经典的标准注本，收入“九经”中，到宋代编“十三经注疏”，又把郑玄的《诗》和“三礼”的注本列入，并长期作为官方教材，所有这些，使郑玄在经学史上的影响经久不衰。

3. 附：王肃、许慎

除郑玄外，东汉后期还有一位经学大师王肃。王肃，字子雍，是东海郯地人，约生于195年，他的父亲王朗也是一位经学家。王肃十八岁时曾向宋忠学习《太玄》，他推崇贾逵、马融的学问，不好郑玄之学，曾针对《月令》是否以十月为岁首的问题提出论难。

此外，对于“曰若稽古”一辞，郑玄解释为“稽古同天，言尧同于天”，王肃解释为“顺考古道而行之”。由此可以看出王肃崇尚古文经学的态度。王肃后来注释了《尚书》《诗经》《孔子家语》等。由于他的学术影响很大，人们将以其为首的经学派称为“王学”。

说到《孔子家语》，这是一本专门记录孔子及孔门弟子

① 参见（清）皮锡瑞《经学历史》。

思想言行的著作。此书收集了孔子的大量言论，再现了孔子与弟子、时人谈论问题的许多场景，以及经过整理的孔子家世、生平事迹、弟子的相关材料。作为研究孔子的第一书，它是我们了解孔子生平、思想非常重要的一部典籍。

有趣的是，这本书曾经长期被指责为出于王肃或孔安国的伪造。1973年，河北定县八角廊40号怀王刘修墓发掘出土了一批竹简，其中一种被命名为《儒家者言》。1977年，安徽阜阳双古堆1号汝阴侯夏侯灶墓出土的一批竹简，其中一种也被命名为《儒家者言》。二者在内容上可以相互对照，从体例来看，与现在流行的《孔子家语》近似，可以视为《孔子家语》的原型。考虑到墓主的年代（其中刘修卒于公元前55年，淮阴侯则是西汉早期的人物），可以断定现在流行的《孔子家语》即使有被改窜的内容，但大部分内容仍然是可靠的，不能视之为伪书。

关于两汉经学，还有一部著作值得一提，即许慎的《说文解字》。许慎（约58—约147），字叔重，东汉汝南召陵人，他是汉代有名的经学家、文字学家、语言学家，是中国文字学的开拓者。许慎性情纯笃，他很小的时候就博通经史，马融十分推重他。他曾经写作了《五经异议》《淮南鸿烈解诂》等，当时人们称赞他“五经无双许叔重”。到公元100年，许慎著成《说文解字》，这部耗费二十一年的著作是我国第一部字典，书中收录单字九千三百五十有三，重文一千一百六十有三，分于五百四十部。许慎认为，文字是经艺之本、王政之始，前人的经验之所以能够保存下来，后来人之所以能够知道前人的经验，这些都要依靠文字。因此虽然是从文字入手，其探讨和阐释的仍然是儒家经典的意义。

四、魏晋南北朝儒学

（一）玄学化的儒学

儒学发展到东汉末期，一方面由于社会的动荡，伦理道德的破坏，另一方面由于经学自身的烦琐，对于五个字的经文，解说竟然可以达到两三万字，所以儒学特别是传统的经学失去了对知识分子的吸引。此时，很多儒家学者或思想家们将眼光投向思辨领域，他们从《周易》《老子》等经典出发，围绕人的精神超越与现世生存（圣与凡）这一中心问题，对有无、本末、体用、一多、名教与自然、言意之辨等诸多论题展开了广泛的讨论。这些讨论在思想史上被称为“魏晋玄学”。

在思想史上，人们一般把魏晋玄学看作是道家思想的新开展，但实际的情况却比较复杂。事实上，自西汉确立儒学的独尊地位开始，此后儒学一直是中国文化的主流，因此尽管此时的学者们在思想领域引进老庄，但儒学作为官方学术是无法回避的。从玄学时期学者们的讨论来看，他们主要的目的并不是要否定以孔子为代表的儒学，而是一方面在反对烦琐的汉代经学的基础上，沟通儒、道，从形而上的层面促进传统思想的发展；另一方面则为了反抗被制度异化了的儒家名教，而提倡一种自然的人性论，以解放被压抑的人性。

由于这两方面的原因，此时学者的思想在表面上有一种反儒的假象，也使得此时的儒学表现出玄学的色彩。

在玄学的早期，学者们推崇的经典是《论语》《周易》《老子》，这三本书中有两部属于儒家经典。到竹林时期，《庄子》取代《论语》成为“三玄”之一，这显示了此时社会环境的变化及学者们理论兴趣的转移。元康时期，玄学发展成熟，从内部修正了贵无论的偏差，此时的玄学和儒学被紧密结合起来，并且魏晋玄学也成为儒道思想融合的典范。[①]

1. 何晏

魏晋玄学的第一个代表是何晏。何晏（约193—249），字平叔，南阳人，汉末大将军何进之孙。何晏喜好老庄，曾经写作了《道德论》，他的作品还包括《论语集解》等。何晏是“正始玄风”的主要倡导者之一，他主张以“无”为立论之本，他的理论因此被称为“贵无论”。在他看来，道幽深玄远，不可见不可闻，它的本性是“无”，而这个“无”正是宇宙万物产生的依据和根源，同时也是人类社会的最高法则。

实际上，何晏借鉴《周易》和《老子》中对“无”的阐释来理解道，他想要通过对道的理解，沟通儒、道两家。在《论语集解》中，何晏援道入儒，在解释“为政以德”时，何晏认为“德”就是无为；在解释“志于道”“游于艺”时，他说因为道不可体，因此只是“志”之而已，而六艺不足

① 参见任鹏等《中国儒学发展史》，兰州大学出版社2008年版，第132—142页。

据，因此说“游”。从这些解释中可以看出他对儒道两家思想的融合。

2. 王弼

王弼（226—249），字辅嗣，山阳高平人。他小时候很聪明，喜欢老子的学问，并且非常善于辩论。王弼十七岁时结识了何晏，被何晏称赞“后生可畏”“可与言天人之际”，他俩的友谊成为历史上一段佳话。可惜到正始十年（249），王弼因为患疠疾，很年轻就去世了。他的作品主要有《论语释疑》《周易注》《老子道德经注》等。

王弼在哲学上的根本主张也是贵无论。在他看来，“天下之物，皆以有为生；有之所始，以无为本；将欲全有，必返于无也”，在以无为本的基础上，他主张“崇本息末”，即在看待和解决任何问题时抓住根本。王弼的这种思想也影响了他对《周易》的阐释。在《周易注》中，他一扫汉人象数解经的烦琐，提出了“得象忘言”“得意忘象”的方法论。在具体解释《易·复卦》时，他认为“复”即是返本，天地以本为其心，天地虽大，富有万物，雷动风行，运化万变，寂然至无，无即是本。在解释《论语·述而》“志于道”时，他认为道即是指无，无不通也，无不由也，寂然无体，不可为象，因此不可体而“但志慕而已”。以上可以看出他援引了老子对儒学的解释。

因为有无的问题而产生了老子、孔子位置高下的问题。一方面，孔子被广泛承认为圣人；另一方面，在关于“无”

的认识上老子明显论述得最多最彻底，因此当“无”的地位被抬高，就会使老子的地位上升而孔子的地位下降。面对老子、孔子孰优孰劣的问题，王弼认为，“圣人体无，无又不可训，故不说也。老子是有者也，故恒言无所不足”。从他的这一解决方案可以看出，此时的玄学并非只是道家思想的开展，而是儒道思想的综合。①

3. 阮籍

到竹林时期，以阮籍和嵇康为代表，他们围绕名教和自然的关系问题，将玄学的探讨领域拓展到文学、美学等多个领域。阮籍（210—263），字嗣宗，陈留尉氏人。他本有济世之志，但因当时社会动荡，作为名士很少能保全，他因此采取避世的策略。阮籍非常喜欢喝酒，他的思想深受道家影响，崇尚自然真致，他认为自然是本，名教是末，他对当时的礼俗之士常以白眼对之。不过，事实上，阮籍对名教和礼俗的反感实在是他对时代的反抗，他并不真正否定孔子。阮籍的著作主要有《咏怀》《大人先生传》等，后人将其编辑成《阮籍集》一书。在阮籍的《乐论》一文中，他说“乐者，天地之体，万物之性也”“先王之为乐也，将以定万物之情，一天下之意也……上下不争而忠义成”“礼乐内外也，礼废则乐无所立”，从这些思想中可以看出他对真儒学的肯定。

此外，在《达庄论》和《通老论》二文中，阮籍认为，“道

① 参见郭齐勇《中国哲学史》，第172—173页。

者，法自然而为化”，这个“道”即《易》中所说的“太极”、《春秋》所说的“元”，老子把它称为“道”。这体现了他对儒道思想的会通。

4. 裴頠

玄学家以“贵无”“自然”相标榜，很多人认为非毁礼法就是自然，于是裸体、纵酒、放荡无所不为，对社会风气造成了消极影响。此时，如裴頠等忧时之士因为深感贵无论的偏颇而提出了崇有论。裴頠（267—300），字逸民，河东闻喜人，他的父亲是著名学者裴秀。裴頠自小发奋读书，博学弘雅有远识。他提出“贵有论”，认为世界的本原只能是“有”，万物都生于“有”，甚至“无”也从“有”中而来。“无”既然是无，它没有任何内容，也没有任何规定性，因此它不可能产生任何有规定性的东西，有规定性的东西都是自己产生自己，当它的这种规定性落实到一定的形体上，这就是“有”。道是最大的规定性的落实，因此道是最大的“有”。无则是大有被分割后的虚空。

裴頠指责由“贵无”而引起的颓放非礼之风，认为如果只是“盛称空无之美”，不但无以为政，且无以为人。他的崇有论一出即遭到王衍之徒的攻难，不过这并未让他屈服，倒是西晋的政治斗争，结束了他年轻的生命。[1]

① 参见郭齐勇《中国哲学史》，第177页。

（二）义疏与训诂

魏晋南北朝时期，虽然儒学特别是经学的发展遭遇了很大障碍，对整个社会的影响也不如两汉，但实际上，这一时期的儒学仍然表现了顽强的生命力，不但保持了在官方的正统地位，而且善于融合释、老思想，在研究视野、范围上较之两汉都有所扩大。在经学的注疏上，对中国传统社会产生很大影响的十三经注疏多出于这一时代人之手，这其中包括何晏的《论语集解》，王弼、韩康伯的《周易注》，王肃的《尚书注》，杜预的《春秋左氏经传集解》，范宁的《春秋穀梁传集解》，郭璞的《尔雅注》等。王肃、何晏和王弼前已述及，兹将余下的学者及其思想作一简介。

1. 杜预

杜预（222—285），字元凯，京兆杜陵人。他博学多通，明法制，善政务，擅长律历，精于军略，是魏晋时期少有的军事家，曾经在晋武帝灭吴一事中发挥了重要作用。杜预非常喜欢《左传》，他自称有《左传》癖，他的著作包括《春秋左氏经传集解》《春秋左氏经传音》《春秋左氏传评》《春秋释例》等。

在关于《春秋》的理解上，杜预破除了自西汉以来公羊家关于孔子“以《春秋》立素王之法”的迷信，把《春秋》视作孔子根据“经国之常制，周公之垂法，史书之旧章”所修成的一部经书。这样既充分肯定了《春秋》的价值，又尊重了它原本是史书的事实。在这个基础上，他打破经、传各自单行的做法，将两者合二为一，根据《左传》来解释《春秋》。在他看来，经、传原本是一体的，传是根据经的义例去解释经，反之又可以根据传的义例去理解经。此外，他还发掘和总结了经、传中的“义例”，认为“发传之体有三，而为例之情有五”。他的这些做法很快得到后人的赞同，产生了广泛的影响。

2. 范宁

范宁（339—401），字武子，南阳人。他从小笃志于学，博览多通，后来担任余杭等地的地方长官，致力于兴学修礼。范宁曾经批评何晏和王弼，认为他们蔑弃典文，不尊礼度，游辞浮说，波荡后生，实在是一种罪过。他后来免官治经，不满当时学者对《春秋穀梁传》的解释，沉思积年而写作了《春秋穀梁传集解》《春秋穀梁传例》等作品。在范宁看来，《春秋》之经旨是确定的，而三传的臧否不同，褒贬殊致，这是因为学术的分化所导致的。他认为三传皆有伤教之意，“《左传》艳而富，其失也巫；《穀梁传》清而婉，其失也短；《公羊传》辩而裁，其失也俗”。因此，在具体注释的时候，他往往引用《公羊传》《左传》的文字互相参证，而对《穀梁传》中的不当之处提出批评。他的旁征博引和大胆怀疑的精神，使得此书很快流行起来，到唐代经杨士勋疏解，收入《十三经注疏》，成为现在流行的《穀梁传》的主要版本。

3. 郭璞

郭璞（276—324），字景纯，河东闻喜人。他喜好经术，喜欢古文奇字，并且擅长阴阳历算，在诗赋、卜筮、文字学方面堪称“中兴之冠”。当时王敦想要谋逆，让郭璞给他卜筮，郭璞筮后认为此事必定不能成功，并且会大祸临头，不幸被王敦杀害。郭璞对于文字训诂多所撰述，包括《尔雅注》《三苍注》《方言注》等，此外，他还写作了《山海经注》《楚辞注》等。郭璞认为，所谓《尔雅》，是“所以通训诂之指归，叙诗人之兴咏，总绝代之离辞，辩同实而殊号者也”，他因此缀集异文，荟萃旧说，在考察各个方国语言、民俗、歌谣的基础上，对《尔雅》作了详细的注释。由于他的注释“甚得六经之旨，颇详百物之形”，历代学者对其都十分重视。

4. 韩伯

韩伯（332—380），字康伯，颍川长社人，生活在东晋中期，他的母亲是殷浩的妹妹。韩康伯善于思考，后来曾担任豫章太守、吏部尚书等职。最初，王弼注释《周易》《系辞》《说卦》《序卦》《杂卦》没有完成，韩康伯因此补全了这四篇的注释。由于他在基本观点上追随王弼的思想，后世往往将两人的注释视为一体。例如，在《系辞上》的注释中，韩康伯认为“道者何？无之称也，无不通也，无不由也，况之曰道，寂然无体，不可为象”“夫非忘象者，则无以制象；非遗术者，无以极数”等，都可以看出他对王弼思想的继承。韩康伯的其他作品还有《辩谦》等。

除此之外，还值得注意的有干宝及其《周易注》、梅赜及其《古文尚书》等。

东晋灭亡后，出现南北朝对峙的局面，这种政治上的对立，也导致文化上的差异越来越明显。在南朝，宋、齐、梁、陈依次禅代。最初，宋武帝刘裕由于认识到儒学在稳定社会、巩固统治方面的作用，因此大力倡导加强儒学教育。到晋隆安七年（403），因为诸州所遣秀才、孝廉多非其人，因此恢复了以前的策试，儒家所提倡的文治此时重新开始发挥作用。元嘉年间，宋文帝又立“儒、玄、史、文”四学，由雷次宗、朱膺之等主持讲授儒学。南朝由宋所开启的对儒学的尊崇一直持续到后来的齐、梁、陈。到梁武帝时，他下诏说“建国君民，立教为首，砥身砺行，由乎经术”[①]，他因此要求皇室贵胄学习儒学。天监四年（505），梁武帝开设五馆，建立国学，总以五经教授，置五经博士各一人，他甚至亲自驾车去祭奠儒家的往圣先贤。他的这些举措，使自魏晋以来儒学门庭冷落的境况一时大变。

南朝的儒学以礼学最为发达。特别是关于《丧服》经传，其著述不可胜数，而对“三礼”的综合研究，亦颇为壮观。在《隋书·经籍志》中所载的约一百四十种礼学论著中，仅南朝就占六十种。这其中最有名的包括雷次宗，他在关于礼服方面的学问和郑玄齐名，二人被称为“雷郑”。王俭（452—489），是南朝齐的礼学家。刘瓛（434—489），博

① 《梁书》。

通五经，在学术方面是当时之冠，京师士子贵游都跟着他学习，他的学生有范缜等。何佟之（449—503），从小学习“三礼”，后来受到王俭的推崇，是当世少有的硕儒，其时国家的吉凶礼则都要由他决定。

此外，由于接受了魏晋以来的玄学传统，以及受到佛教兴盛的影响，南朝儒学有一种儒、释、道相互碰撞、融合、兼采的倾向。这种倾向的主要代表有雷次宗、伏曼容、严植之、太史叔明、周弘正、张讥等。

5. 雷次宗

雷次宗（386—448），字仲伦，豫章南昌人。他年轻时曾师从著名的慧远和尚，是东林寺十八高贤之一。雷次宗笃志好学，特别精通儒家“三礼”和《毛诗》。元嘉十五年（438），宋文帝立“四学”，他被征召到京师，于鸡笼山开馆授徒。后来又被征诣至京邑，为皇太子及诸王讲解《丧服》经。

6. 伏曼容

伏曼容（421—502），字公仪，平昌安丘人。从小好学深思，擅长《老子》和《周易》，曾参与撰写《丧服仪》。由于齐明帝不重儒术，他便自设高座讲经，生徒常至数十百人。他的著作还有《周易集解》《毛诗集解》《丧服集解》《老子义》《庄子义》《论语义》等。

7. 严植之

严植之（457—508），字孝源，建平秭归人。年轻时喜好老庄之学，受玄学影响很大，对《丧服》《孝经》和《论语》也很精通。到后来遍习郑氏《礼》《毛诗》《周易》《左氏春秋传》。梁武帝天监四年（505），兼五经博士，听讲的学生多达千余人。

8. 太史叔明

太史叔明（474—546），吴兴乌程人，南朝梁时代人，年轻时擅长老庄之学，对“三玄”的阐释尤其精绝，也兼治《孝经》和《礼记》。

此时的学者或者兼善儒佛，或者儒道兼综，这使得他们对儒家经典的解释带有玄理的影子，对于汉儒所注重的名物制度的解释往往比较简略，这种代表一时风尚的义疏之学（例如皇侃的《论语义疏》）是儒学由两汉经学向宋明理学发展的过渡。

在北方，西晋灭亡后，十六国继起，北方的少数民族先后入主中原，他们一方面为了笼络汉族士人，巩固统治，另一方面因为自己的文化落后，需要学习先进的汉族文化，因此不得不大力提倡儒术。例如，前赵的统治者刘渊就曾拜汉儒崔游为师，学习《毛诗》和《左传》。他的儿子刘聪“究通经史，兼综百家之言”。后赵的建国者石勒，设立太学，选将佐子弟三百人学习儒学，并且设置了大小学博士，他自己常常倾听儒生读书。后秦统治者姚兴虽儒、佛并用，但尤重儒学。由于这些统治者的推崇，儒学在北方的发展十分兴盛，并且大大促进了北方民族之间的融合。

到东晋灭亡，南北朝对峙，先是拓跋氏统一北方，建立北魏政权。北魏的统治者刚刚在中原立脚，便大力推行儒学教育。拓跋氏首先设置了太学，置五经博士生员千又余人。到天兴二年（399）春，又增国子太学生员至三千人。献文天安初（466），诏立乡学，郡置博士二人，助教二人，学生六十人。太和中，改中书学为国子学，建明堂、辟雍，尊三老五更，又开皇子之学。北魏政权对儒学的推崇，使得当时儒学大盛，燕、齐、赵、魏之间，横经著录，不可胜数。这种对儒学的重视也延续到东魏、西魏、北齐、北周，以至于唐武德、贞观年间，流风不绝。

与南朝的学术不同，北朝儒学（经学）承接汉代传统，注重章句，重视典章训诂。他们所学习的经注主要是郑玄注释的《书》《易》《诗》《礼》《论语》《孝经》，服虔注释的《左传》，何休注释的《公羊传》。另外，在关于礼的研究上，北朝人主要侧重《周官》的研究。这一时期，北朝儒学的代表人物有刘献之、徐遵明、李业兴、熊安生、刘焯、刘炫等。

9. 刘献之

刘献之，博陵饶阳人，生活于北魏早期。他小时候孤贫，却爱好读书，尤其擅长《毛诗》和《春秋》，当其他人对儒家经典的意思有疑惑时，都向他请教，当时海内皆称赞他是儒宗。他的作品包括《三礼大义》《三传略例》《注毛诗序文》，皆流行于当时。

10. 徐遵明

徐遵明（475—529），字子判，华阴人。曾师从屯留王聪，学习《毛诗》《尚书》《礼记》，后来师从张吾贵，因为张吾贵“名高而义无检格”，又改师孙买德，最终自学而成为名家。他传承郑玄的《周易》、“三礼”和服虔《左氏春秋》的学问，是北魏后期有名的大儒。他的弟子包括李业兴、李炫、熊安生等。

11. 李业兴

李业兴（484—549），上党长子人。早岁志学，后来师从徐遵明。曾经和梁武帝辩论，武帝问他：“听说你善于经义，那么儒、玄之中何所通达？”李业兴回答说：“我从小只学习五经，至于深义，不辨通释。”武帝又问：“《易》曰太极，是有无？”李业兴回答：“根据我的传承，认为太极是有。我向来不知道玄学，不敢辄酬。”由李业兴的回答即可看出南北学术的差异和分化。

12. 熊安生

熊安生（499—578），长乐阜城人。曾受学于徐遵明、李宝鼎，博通五经，专以“三礼”教授，弟子上千人。当时北朝《周礼》盛兴，人们有疑难都来向他请教。他的著作包括《周礼义疏》《礼记义疏》等。

13. 刘焯、刘炫

刘焯（544—610），字士元，信都昌亭人。刘炫（546—613），字光伯，河间景城人。焯、炫二人少年时结为盟友，同师事于刘轨生、郭懋当、熊安生。刘焯精通经术，又擅长历算，有《五经述义》《历书》《稽极》等并行于世。刘炫聪明博学，撰有《论语述义》《五经正名》等。由于二人的卓越影响冠绝一代，人们将之合称为“二刘”。

五、隋唐儒学

（一）经学与文化融合

581年，杨坚接受北周静帝的禅让，建立隋朝。589年，隋灭陈，统一中国，结束了南北朝分裂的局面。到681年，隋朝在农民起义的冲击下很快覆灭，李渊、李世民在隋朝的废墟上建立了唐朝，统治了中国近三百年时间。由于隋朝的短命及唐朝对隋朝在政治及文化上的继承关系，我们不妨把隋唐看成一个整体。

在这一时期，政治的统一也直接影响到当时的文化发展。隋代的文帝和炀帝都崇尚儒学，他们视儒学为治国法宝，号召天下“劝学行礼”，学习儒家经典，并且对儒士们委以重任。由于隋朝统治者在尊奉儒学的同时，对佛教、道教也采取了积极扶持和利用的政策，因此此时的儒学要回答的问题就是如何沟通释、老两家，以新的思想资源促进儒学在新时期的发展。这时著名的儒家学者有刘焯、刘炫、颜之推、王通等。“二刘”我们在北朝一节已经介绍过，兹将颜之推、王通等介绍于下。

1. 颜之推与《颜氏家训》

颜之推，生于梁中大通三年（531），字介，琅琊临沂人。九岁时失去父亲，靠母亲抚养长大，家教甚严。他的家庭世代擅长关于《周官》和《左传》的学问，他很小就继承家业，后来学习《礼》《传》。颜之推历经梁、北齐、北周、隋四朝，曾做过北朝的中书舍人、黄门侍郎，北周时他是御史上士，到隋开皇中，他被太子召为学士。他曾经两度致力于典籍的整理，北齐时他主持文林馆，“掌知馆事，判署文书”。颜氏晚年归心于佛教，试图融儒释于一体。他的著作被集结成《颜氏家训》一书。

在著作中，颜之推提倡以儒学立身治家。在他看来，圣贤的书中教人诚孝、慎言、检迹、立身的道理已经很完备了，魏晋以来，儒家学者们只是在重复同样的道理和事迹，这不过是屋下架屋的事。因此，他主张把儒家风教贯彻于门庭之内，以整齐门内，提撕子孙。在这一宗旨的指导下，他从夫妇、父子、兄弟出发，由三亲而至于九族，在大至婚丧嫁娶，小至言谈举止等各种人生事务上，皆以仁孝和礼义为准则而作了细致明确的规定。

颜之推晚年归心佛教，力图融合儒佛而归于一。在《归心》一篇中，他认为“三世之事，信而有征，家世业此，勿轻慢也”。在他看来，儒教和佛教本来是一体的，只是后来发展慢慢有了差异，因此有深浅的不同。佛教对于初学者的五戒与儒教的“仁义礼智信”完全相符，“仁者，不杀之禁也；义者，不盗之禁也；礼者，不邪之禁也；智者，不淫之禁也；信者，不妄之禁也”。因此，如果一个人归宗周、孔而背弃佛教，是难以理解的，是他自己的迷惑。①

2. 王通与三教融合

王通（580—617），字仲淹，号文中子，绛州龙门人。王通家世业儒，前后数代皆有文名，他弟弟王绩是唐朝著名诗人，孙子王勃乃“初唐四杰”之一。王通年轻时曾做过蜀郡的司户书佐，后来辞官回家，以著述讲学为业。他依《春秋》的体例写作了《元经》，依《孔子家语》《法言》的体例写作了《中说》，这些作品被当时的儒家学者所称道。

在思想上，王通继承孔子的素王之道，以实现“王道”为最终目标。他认为，周、孔之道是为政的依据、修文的准绳，“千载以上圣人在上者，未有若周公焉，其道则一而经制大备，后之为政有所持循”；“千载而下未若有仲尼焉，其道则一而述作大明，后之修文者，有所折中矣”②。他因此主张

---

① 参见许凌云《中国儒学史·隋唐卷》，广州教育出版社1998年版，第73页。

② 《中说·天地》。

施行仁政，言必忠，行必恕，谨而固，廉而虑。

在三教关系的问题上，王通主张“三教可一”。不同于有的学者对佛、道二教的排斥和攻击，王通认为，我们应该把国家的兴亡和三教的盛衰区别开来，“《诗》《书》盛而周灭，非仲尼之罪也；虚玄长而晋室乱，非老庄之罪也；斋戒修而两国亡，非释家之罪也。《易》不云乎，‘苟非其人，道不虚行’”①。王通反对儒学独尊的门户之见，认为三教都有存在的理由，对于统治者而言，都是有用的。此外，他也注意到三教本身的缺点，认为如果放任三教并行，又会使人们无所适从。在他看来，最好的办法，就是使三教归一，即“教虽三人则一矣”。

除此之外，值得一提的是王通的心性学说。隋唐时期的儒学家，因为受佛、道二教的影响，逐渐对心性问题产生兴趣。王通的心性学说，可以说是儒学与佛、道二教对话的产物，也是宋明理学的先声。在王通看来，仁、义、礼、智、信是人类社会长久不变的五种道德，五常存在的根源，不是天也不是神，而是内在于人的生命之中，五常本于性，它的统一和实现就是道。他曾区分了人心和道心，道心克服了人心便是“以性制情”，人心抑制了道心便是“逞欲败矩”，他因此特别强调“静”和“诚”的工夫，唯其如此，才可以穷理尽性，才能真正进入“无忧”“无疑”的境界。②

① 《中说·周公》。

② 参见许凌云《中国儒学史·隋唐卷》，第73页。

3. 陆德明与《经典释文》（附颜师古）

陆德明（555—627），名元朗，字德明，以字行，苏州吴人。曾受学于周弘正，到李世民做秦王的时候，被征为秦府文学馆学士，补太学博士。唐武德中，高祖亲临释奠，“时徐文远讲《孝经》，沙门慧乘讲《般若经》，道士刘进喜讲《老子》，德明难此三人，各因宗旨，随端立义，众皆为之屈”。陆德明的主要贡献是写作了《经典释文》。

在这部著作中，他收录汉魏六朝二百三十余家的音切和训诂，注释了从《周易》《论语》到《老子》《庄子》等十四种典籍的音义，且经注并举，兼明义训。这使它成为儒学经典音释训诂及考校经典版本的重要依据。

颜师古（581—645），名籀，字师古，以字行，京兆万年人。家世业儒，很小的时候就传承家学，博览群书，尤其擅长训诂。他曾经担任中书舍人、秘书少监等职。据《后唐书》记载，当时太宗因为经籍去圣久远，文字讹谬，因此令颜师古考订五经。这项确定经典文字的工作对于儒学的发展具有很大的意义。他还注释过《汉书》，深为学者所重；他注释的《急就章》大行于世；他撰写的《匡谬正俗》，对于时俗之谬多有匡正。

4. 孔颖达与《五经正义》

唐朝建立以后，政治上的统一对社会思想、文化的统一提出了要求，而规范整合经学无疑是重点之一。唐太宗即位，有感于经学的混乱、羼误和繁杂状况，决心由朝廷出面来撰修颁布统一的经书。此次整理经学的成果有二：一是由颜师古等人考订五经的文字，颁布了统一的五经文本；二是由孔颖达等人主持编撰了《五经正义》，对儒学的主要经典作了义疏方面的详细整理。

孔颖达（574—648），字冲远，冀州衡水人。他小时候十分聪慧，后来学习《左传》《郑氏尚书》《王氏易》《毛诗》《礼记》等，且善于历算。曾经向刘焯学习。隋大业初，他是河内郡的博士，炀帝召集诸郡儒官到东都，诏国子秘书学士论难，他是年纪最小且表现最突出的一个，这使很多宿儒感到耻辱，甚至想杀掉他。到唐贞观初，他曾担任国子监祭酒。

孔颖达在儒学史上的最大功绩是主持编撰了《五经正义》，这是第一次以官方的名义对五经及其阐释作系统的整理。所谓“五经”，即儒家五部最重要的经典《诗》《书》《礼》《易》《春秋》。《五经正义》以南学为主，遍采各家传注，折中其间，而成《周易正义》十四卷、《尚书正义》二十卷、《毛诗正义》四十卷、《礼记正义》七十卷、《春秋左传正义》三十六卷。其中《易》用魏王弼、晋韩康伯注，《尚书》用梅赜本汉孔安国传，《诗经》用汉毛亨传、郑玄笺，《礼记》用郑玄注，《左传》用晋杜预注。孔颖达等人的编撰“事必以仲尼为宗”，试图“去其华而取其实，欲使信而有征”。

此外，他们在编撰的过程中严格遵循“注宜从经，疏不破注”的原则，在疏和注之间，只要两者发生冲突，一定是尊崇注而删改疏义。这一原则对后代的经典注释产生了很大影响。

《五经正义》一经颁行，便成为士子学习和科举考试的统一标准，直到宋元时期仍然受到读书人的重视。

除上述提到的，对这一时期的儒学产生影响的，还有贾公彦及其《周礼注疏》《仪礼注疏》，徐彦及其《春秋公羊传疏》，杨世勋及其《春秋穀梁传疏》，李鼎祚及其《周易集解》，杜佑及其《通典》，以及中唐时期由啖助带领的疑经学派。①

（二）韩愈与理学先声

中唐时期，韩愈、李翱等儒家学者认识到，要真正复兴儒家学说就必须直面佛、老的挑战，并且从儒家自身的思想资源中寻找内在依据。他们批评佛老思想的弊端，从儒家心性论出发，对儒家性情、道统思想作了系统的阐发，直接启发了后来的宋明理学。

1. 韩愈

韩愈（768—824），字退之，邓州南阳人。三岁丧父，跟着从父兄长大，二十四岁考上进士。他的仕途坎坷，曾经因为上书反对唐宪宗尊迎佛骨舍利几乎丢掉性命，后来曾担任国子祭酒、吏部侍郎、京兆尹兼御史大夫等职。他的著作被编为《昌黎先生集》，欧阳修、宋祁称赞他的作品“卓然树立，成一家言”，“奥衍闳深，与孟轲、扬雄相表里而佐佑《六经》”。

① 参见郭齐勇《中国哲学史》，第231—232页。

韩愈是一个典型的儒家官僚知识分子，这首先表现在他的排佛活动中。在韩愈看来，佛教是与中国文化全然不同的夷狄之法，奉行佛教实质就是“举夷狄之法而加之先王之教之上”。佛教的荒谬之处在于它有悖天理人伦，并且也会对社会经济的发展造成破坏，增加百姓的苦难。因此，韩愈主张“人其人，火其书，庐其居”①，即强制佛、老信徒还俗成家，销毁佛、老之书，将寺庙、道观改做百姓居住的房子。由于他的这些建议过于激进，惹怒了唐宪宗。宪宗认为韩愈是在诋毁国政，诅咒自己，因此龙颜大怒，想要将他处死，后来改判将他贬到潮州做刺史。

为了在理论上对抗佛教，韩愈提出了“道统说”。所谓“道统”，是指儒家的先王之教在各个历史时期薪火相传的统绪。韩愈认为，先王之教是由儒家传承的，这个教即仁义之道。儒家在传承先王之教的历史过程中，形成了一个清晰的序列，它最初由尧传给舜，后来由舜传给禹，由禹传给汤，由汤传给文王、武王和周公，由周公传给孔子，由孔子又传给孟子。孟子死后，儒家的道统命途多舛，几乎不得其传。有鉴于此，韩愈以舍我其谁的精神和担当，认为自己肩负传承儒家道统的使命。

韩愈另一个重要贡献是提出了“性三品说”。韩愈认为，性是与生俱来的先天本质，其内涵包括仁、义、礼、智、信五德，它分为上、中、下三个品级。上品的性类似于孔子说的“上智”，它是纯善不恶的，它上主于仁而下行于

① 《原道》。

义、礼、智、信。下品的性类似于孔子说的“下愚”，它是居恶不善的，它上逆于仁而下悖于义、礼、智、信。中品的性则居于上下之间，它有善有恶，虽具仁德，但仍不免时有违背，其在下的义、礼、智、信也是杂而不纯的。

他还讨论了性与情的关系。在韩愈看来，情是人性与外物接触后而产生的感受，具体分为喜、怒、哀、惧、爱、恶、欲，它也可以分为三个等级。上品的情对应于上品的性，此时七情虽动，但其动皆合乎中道。中品的情对应于中品的性，此时七情的动或有过之或有不及，但其动仍努力地合于中道。下品的情对应于下品的性，此时七情发动，多过之与不及，且肆情纵欲，不加节制。

从韩愈的这些讨论可以看出他对《中庸》和《孟子》的借鉴，他的思考也直接启发了此时的另一位学者李翱。李翱（772—841），字习之，陇西人。他与韩愈亦师亦友，是中唐时期著名的文学家、思想家。他的著作包括《复性书》等，后来被编为《李文公集》。

李翱反对韩愈“性分善恶”的观点，认为性只有一种，是纯善无恶的，在这一意义上，桀纣之性和尧舜之性没有差别。至于桀纣和尧舜的行为之所以表现出如此大的区别，其原因在于情的不同。情是性之动，是性的表现，它有善有不善。人的行为则是性与情交相作用的结果。当七情合乎中道时，性就不被遮蔽而朗现其善。当七情混乱，交叠侵扰，此时他的情昏聩，性被遮蔽，因此表现出情恶的一面。

由于性是纯善无恶的，因此在理想状态下，每个人依照其本性都应该发展成圣人，但事实上真正成为圣人的人少之又少，其原因就在于情的运动或过之或不及，一旦陷溺进去，人就容易迷失心智，湮灭其性。李翱因此提倡复性，即节制情使恶情不作，使善性得以恢复和充实。

韩愈、李翱二人的思想承上启下，对以后宋明理学的发展产生了很大影响。①不过，我们也要注意韩愈在排斥佛老这件事上所表现出的偏颇态度。他所宣扬的“人其人，火其书，庐其居”的观点，通过行政手段消灭佛老的极端做法，是非常独断和专制的行为。

2. 附：柳宗元、刘禹锡

柳宗元（773—819），字子厚，河东解县人，因此又被称为柳河东。他二十岁中进士，后来参加政治革新，失败后被贬为永州司马，最后病逝于柳州。柳宗元是中唐时期有名的文学家和思想家，他的著作被整理成《柳河东集》。

在天人关系上，柳宗元主张天人各行其是而不相预。柳宗元认为，元气是宇宙的本原，元气、阴阳、天地都是自然之物，它们“自动自休，自峙自流”，“自斗自竭，自崩自缺”，它们的存在与运动不假外力，也不是为人类的目的而作为。因此人间一切的功过赏罚，都只是由人世的行为决定的，与天地、元气、阴阳无关。他接着把批评的矛头指向阴阳灾异说，认为所谓的天人感应、阴阳灾异，都是在欺惑群众，真正的统治者的“受命”，不是取决于上天，而是取决

① 参见郭齐勇《中国哲学史》，第233—238页。

于他自己的德行；一件事情是否成功，不在于所得的征兆的吉凶，而在于行事者是否具有仁德。这实际上标志着人的理性的自觉。

柳宗元另有《封建论》一文，显示了他在历史方面的兴趣和深刻洞察。他认为流行于周代的分封制，无论其产生还是消亡，都是由客观的历史之“势”所决定的，而不取决于圣人的主观意愿。同样的，郡县制取代分封制也是历史之“势”发展的必然结果。

刘禹锡（772—842），字梦德，洛阳人。曾经担任太子宾客，因此也叫刘宾客。他和柳宗元共同参与王叔文的改革，因为失败而被贬为连州刺史。刘禹锡一生以诗文见长，白居易曾称赞他是“诗豪”。

在天人关系的问题上，刘禹锡倾向于天人关系的自然说，但他不满于前人自然天论的片面，而提出了“天与人交相胜”的观点。在他看来，天包举万物，是有形之物中最大的；人也是有形器的，人在所有动物中最出类拔萃。因为天是形器中之物，因此它并不是万能的，它的长处在于生育长养万物。对人而言，它的特长在于治理和管辖万物，因顺阴阳而春植秋敛，取物为用，制定道德仁义，兴起礼乐刑政。因此从某种程度上说，天和人是各擅胜场，这实际上为人的活动赢得了广阔的空间。刘禹锡认为，如果“人欲胜天”，则需要推行法制。“法大行，则是为共是，非为共非，……天何预，乃人事耶！”①如果法大弛，则是非易位，赏恒在佞，

①《天论》。

而罚恒在真，这时候义不足以胜其强，刑不足以胜其非，人之能胜天的方面都丧失了。这显示了刘禹锡对人类社会治理的深刻认识。①

值得一提的还有此时进行的古文运动，这是兴起于唐中叶的文风改革运动，宗旨在于反对六朝以来的骈文，提倡先秦两汉散行单句的古文，以阐扬六经之道。古文运动的代表包括萧颖士、李华、孤独及、梁肃、韩愈、李翱、柳宗元、白居易、元稹等人。古文运动所提倡的“文以贯道”的主张使它超越了单纯的文学运动的性质，实际上成为唐代儒学复兴运动的组成部分，②促成了儒学与文学的融合。同时，这一运动所凸显的“尊王攘夷”的思想，也表现了儒家学者对于当时政治生活的敏锐觉察及深刻关怀；甚至韩愈对于佛教的排斥，也应该在这一思想前提下来理解。古文运动的影响很大，流被深远，由欧阳修、王安石、“三苏”等人领导的北宋诗文革新运动，即是在其直接影响下形成的。

① 参见郭齐勇《中国哲学史》，第239—241页。

② 参见中国孔子基金会编《中国儒学百科全书》，第536页。

第八章 宋元明清儒学

宋朝建国，有鉴于残唐五代之战乱，崇文重教，儒学开始全面复兴。北宋中期，儒家学者突破“守训诂而不凿”的现状，大胆怀疑汉唐注疏甚至经文本身。佛老思想经过长期发展，在这一时期，已经逐渐控制整个社会和人心，一批有责任感的儒家学者重振儒纲，进而从章句训诂之学转向义理之学。经过新学、蜀学、濂学、洛学、关学、闽学、婺学、心学、功利之学等不同流派的碰撞、吸收、交融之后，程朱理学最终以其精湛完密的本体论、工夫论、心性论和境界论，成为我国古代社会后期的主流思想体系。宋明理学是以儒学为主干，融摄佛、道智慧，综合创造的新形态思想系统，它重新解释和创立了关于天地万物存在根据和人的心性修养的学问，且影响及于东亚文化圈。明代中后期，成为官方意识形态的程朱理学渐渐僵化，儒学思想突破自身、重新调整，王守仁应运而生，建立了博大精深的心学体系，风靡整个中晚明。明末清初，宋明理学遭到批判。进入清代，思想界重兴汉学之风，乾嘉考据之学兴盛，“以经学济理学之穷”成为清代学术的主题。

一、宋代儒学

宋明时期，儒学发生了重大变化，历来称之为道学、理学或新儒学。理学在广义上是宋元明清心性义理学的总称，狭义上是指程颐、朱熹建立的程朱学派。而新儒学的称呼或许更能反映出这个时期的儒学与先秦儒学的关系。宋明理学是以儒学为主干，融摄佛道两家的智慧而综合创造的新形态思想系统。理学重新解释和创立了关于天地万物存在根据和人的心性修养的学问。这一时期的儒者把汉代至唐代注疏“五经”的传统，变为讲求“四书”义理，讨论身心性命修养问题的传统，由“周孔”并称变为“孔孟”并举。通过民间自由讲学的书院和讲会活动以及民间乡约、家礼的普及，这一时期的思想家们将传统的精英文化进一步世俗化、普及化。宋明理学成为中国传统思想发展的巅峰，而且整整影响近世中国达七八百年之久，形成了一个所谓的“理学”时代。它不仅成了宋元明清时期士人们的主流话语，支配着士人们的精神生活，而且在朝鲜半岛、日本列岛和越南等地区和国家都得到深化与发展。①

我们简要地从社会政治、外部思想文化以及儒学内在理路三个方面来介绍宋明理学的兴起。

中国历史在宋代发生了一次巨大的转变，被中外很多学者称为“近世化”，其基本精神是突出世俗性、合理性、平民性。与隋唐相比，宋代最为显著的变化是门阀士族衰微，

① 参见郭齐勇《中国哲学史》，第247页。

代之而起的是大量的中小地主阶级，即统治阶层由士族地主向庶族地主过度。与此同时，农民获得了更多的人身自由，出现了大量的自耕农。在此基础上，北宋社会的生产、经济很快便呈现出一派繁荣的景象，这从有名的《清明上河图》可窥其一二。经济的快速发展，为士大夫的活动提供了充分的物质基础。

宋代统治者鉴于晚唐五代武夫当国、军阀割据、国家分裂的局面，尚文抑武，据说宋太祖还立下了“不杀士大夫”的祖训，保障了士大夫崇高的政治地位。统治者大力提倡科举，改善科举条件，大量的庶族地主和平民通过自身努力经由科举而进入士大夫阶层，士阶层的人才队伍得以保障。以上种种，为士阶层的壮大提供了条件。宋人说皇帝与士大夫共治天下，这并非虚言。

与外在环境的变化相关，士大夫内部的风气也与宋代以前大不相同。首先，宋代士林尚气节，重操守，成就光明俊伟的人格，心怀国家兴亡之忧，慨然以天下为己任，并以道德作为评价人物事件的标准。宋代的时代名言是“先天下之忧而忧，后天下之乐而乐”和“为天地立心，为生民立命，为往圣继绝学，为万世开太平”。宋代士大夫于两宋之际、宋元之际，在民族存亡的危急时刻，毁家纾难，忠节相望，斑斑可书。其次，士大夫性格较保守、内向，对宇宙人生问题产生兴趣，人生态度清通优雅、淡泊闲适。这与宋代开国格局狭隘、国家右文抑武，以及官僚系统冗员过多等有关。在宋代，相当多的士大夫沉迷佛老以寻求精神安慰，这也迫使有担当精神的儒者崛起，发掘儒家自身内部的传统与佛老对抗。

自魏晋隋唐以来，佛教在中国发展兴盛，对整个中国都产生了巨大的影响。特别是禅宗形成之后，其精致的心性系统、超脱的精神境界，能极大地满足士大夫的心灵需求，大批士大夫在佛教面前俯首称臣，这种影响也持续到了宋代。宋初宰相赵普曾对宋太祖说："陛下以尧舜之道治世，以如来之行修心"。孟子曰："生于其心，害于其政"。既然以佛治心，如何能以儒治国呢？可见上句只是门面语，下句在当时则是天经地义了。不少有担当的士大夫观察到佛教于世道人心是无能为力的，就像残唐五代，人人都信佛拜佛，沉溺来生，然而天下糜烂极矣。于是，就有儒者奋起对治佛老。最早的先驱是韩愈，但他辟佛主要是从肉体上消灭，并不能真正与佛老对抗。宋初，士大夫又开始新的一轮辟佛，也比韩愈要更深入，他们认识到，如果只局限于既有的礼法传统或仅停留于世俗性的社会道德层面来探寻与说明儒家价值的根源和道德实践的根据，那么，儒家的价值原则和人伦规范将根本无法抵挡佛老思想的攻击和否定，故必须在心性形上领域有所建树，才能真正肯定和维护儒家的价值原则和人文世界，才能吸收佛老思想并且超越它。

儒学内部，自汉至唐，都在纠结于训诂章句，于孔孟的真精神、生命智慧没有真切的了解。他们"周孔"并称，重视的只是外在的典章制度、训诂辞章。这样的儒学，在号称能救治人心的佛道面前自然是一败涂地。到北宋时期，反对汉唐的训诂之学已成为历史大势。士大夫自觉转向先秦“五经”以及《论语》《孟子》的文本，去寻求里面的义理之学。孔子孟子思想中以及《中庸》《易传》和《大学》中丰富的天道心性之学也就呼之欲出了。

“宋明理学”作为一种学术传统，无论是其所讨论的问题还是其所使用的术语，都有着极为鲜明的特色。[①]其讨论的主要问题有四个方面：宇宙论或本体论、人生论或心性论、知行观或工夫论、天人观或境界论。对以上的讨论有三种走向、三条路径：第一条路径是“气”学的路径，以张载为代表；第二条是“理”学（这里的理学是狭义的），以程颐、朱熹为代表；第三条是“心”学，以陆九渊和王守仁为代表。后两者是最主要、最有影响的派别。并且后两者之间的学术争辩绵延数百年至今而余波未已，但这也只是儒学内部的争论而已，其实双方都分享着共同的儒学信念，有许多共同的立场、理念和基本预设。双方的互动也推动了理学的日趋精微、成熟。他们的共同点主要有：

“性与天道”问题是北宋理学兴起过程中理学家们普遍关注的主题。他们重新发掘了先秦儒家的心性形上学的思想资源，尤其是重构和阐发了孟子性善论之旨。他们不仅认为此性善之性亦即仁义之性与天道、天理相贯通，而且强调性天不二、性道不二，仁义之性与天道天理通而为一。天道即生生不息之道，也就是仁道，这是人与万物的存在根据，故而天之德与人之德是相通的，从而使得人的仁心、仁性具有了

① 参见郭齐勇《中国哲学史》，第247—253页。

超越个人生死并与天道、天理同在的绝对性、普遍性、恒常性和本体宇宙论的意义。并且，他们认为，“仁者”的“仁”主要表现为两个方面：一方面，“仁者”具有一种不容已之万物一体之情，故能以天地万物为一体，即把天下生民万物看成是与自己息息相关的一部分而予以关切和关爱；另一方面，“仁者”之“仁心”“仁性”的发动、展开表现为“亲亲而仁民，仁民而爱物”这样一种自然的次第与条理，在社会生活中则体现为亲亲、长长、尊贤之道，父子、君臣、兄弟、夫妇、朋友之伦，其具体表现也就是礼。这表明理学的开拓者们在“性与天道”的探讨中以性善之性亦即仁义之性为中介，将天道、天理与儒家的价值原则和人伦规范联系起来了，他们既视儒家的价值原则和人伦规范为天道、天理的体现，以维护儒家价值原则和人伦规范的必然性、普遍性、合理性；同时亦视儒家的价值原则和人伦规范出于人自身本具之仁义之性，从而使儒家伦理学不失为一种康德所说的自律伦理学。理学的开拓者们所确立的上述宗旨乃宋明新儒学中各派共同的理论基础，后来各派理学家在本体工夫论上的探讨，皆是以此为前提和出发点的。

各派理学家在本体工夫论的探讨上各有不同，大致有理学（狭义）和心学两种路向。理学在本体工夫论上主“性即理”的理本论，以及由此“理”本论所发展出的所谓“格物穷理”“主敬涵养”“变化气质”的工夫论；心学在本体工夫论上主“心即理”的心本论，以及由此“心”本论所发展出的“发明本心”的“易简工夫”。

宋明理学主要的成就贡献在“内圣”之道上，在“外王”方面贡献不多。很多理学家孜孜不忘“格君心之非”，他们认为，只要皇帝的素养有保障，离天下大治也就不远了，但实际效果并不好。而在更为极权专制的明代，皇帝的个人权威笼罩着一切，理学家们甚至都不再奢求能“格君心之非”，而理学也只成了人们的清谈之资，后人甚至将明朝灭亡归罪于理学家，斥之为“无事袖手谈心性，临危一死报君王”。这种现状，如置身烈火中般紧紧地煎熬着思想家们，使他们不得不极其深入地反思整个几千年的政治格局，其杰出的代表就是明末三大家：顾炎武、黄宗羲、王夫之。

不过，虽然限于时代理学家们不能在朝“美其政”，但“在下位则美俗”却很出色。约略言之，他们推动了自宋代开始的社会的世俗化、合理化、平民化的进程，大传统和小传统不断相互影响，对社会进步发挥了积极影响。

（一）宋学滥觞

南宋理学家在追溯理学产生的源头时，对宋仁宗庆历时期的胡瑗、孙复、石介大为推崇，合称三人为“三先生”，认为他们在思想上开风气之先，为后来理学的创立奠定了思想基础。

胡瑗（993—1059），字翼之，泰州海陵（今江苏泰州）人。孙复（992—1057），字明复，晋州平阳（今山西临汾）人。石介（1005—1045），字守道，兖州奉符（今山东泰安）

人。胡瑗自幼家贫，往泰山与孙复、石介同学，攻苦食淡，一坐十年不归。得家信，见上面有“平安”二字，即扔到山涧中，深怕干扰了他苦学的决心。泰山南麓至今还有“投书涧”。石介在当时有盛名，为人负气尚性，因为仰慕孙复，特屈节来执弟子礼。人家来看孙复，孙复坐着则石介在一旁站着侍奉，孙复站起来答拜别人石介就搀扶着。时称“鲁人由是始识师弟子之礼”，师道之尊严大彰。他们三人的主要功绩是教书授徒，另外还著书立说，提倡廓清政治、重整纲常，明显具有为庆历新政制造舆论的学术思想倾向。

教育上，胡瑗是北宋伟大的教育家。范仲淹知苏州，聘他为府学教授，后又为湖州教授，前后共二十年。他所定的“苏湖教法”，后来为中央政府所采纳，通行全国。他毕生门生达一千七百余人。他创始了类似于近代的分科教学法，设立“经义”“治事”两斋。前者选择心性疏通、可任大事者讲“六经”。后者则每人各治一事，又兼摄一事，如治民、讲武、水利、算历等。胡瑗讲学，目的是“明体达用”，即讲求儒家经义，并达之于政事治道。他正是因此而为理学开新方向。①

在著述方面，他们特别注重《春秋》和《周易》。对前者强调“尊王”与大义名分的重要性，对后者则强调义理。他们还提出重整伦理纲常，弘扬道德名教的观点。这主要体现在他们排斥佛老思想上，其中尤以石介突出，他将佛、老以及轻浮浅薄文学的代表杨亿称为“三怪”。

北宋名臣范仲淹也是理学先驱之一。范仲淹（989—

① 参见钱穆《宋明理学概述》，第1—4页。

1052），字希文，苏州吴县人，谥文正。范仲淹少孤，穷苦，其母携之改嫁，曾苦读于一僧寺中。他自青年起便毅然肩负起重振儒家文化的重任，积极参与政治，恪守道德，表现出高度的社会责任感和独立的人格意识。朱熹称颂他："本朝惟范文正公振作士大夫之功为多。""范公平日胸襟豁达，毅然以天下国家为己任。""至范文正时便大厉名节，振作士气。"①《宋史》本传褒扬道："每感激论天下事，奋不顾身，一时士大夫矫厉尚风节，自仲淹倡之。"②范仲淹怀着强烈的社会责任感，"言政权之源流，议风俗之厚薄，陈圣贤之事业，论文武之得失"③，每遇国家大事，他总是奋不顾身，慷慨进言。从此，宋代士风大变，"中外缙绅知以名节相高，廉耻相尚，尽去五季之陋"④，开创了一代砥砺奋发、锐志有为的新士风。⑤

（二）北宋五子

1. 周敦颐

周敦颐（1017—1073），字茂叔，道州营道（今湖南道州）人，学者称他为濂溪先生。他早年任南安军司理参军时，有一个囚犯按法律不当处死，但上司想将那人治重罪处死，众人都不敢与之争辩，独有周敦颐上前理论，无果，

① 《朱子语类》卷一百二十九。
② 《范仲淹传》，载《宋史》卷三一四。
③ 《奏上时务书》，载《范文正公集》卷九。
④ 《忠义传》，载《宋史》卷四四六。
⑤ 参见张岂之编《中国思想学说史·宋元卷》（上），第20—24页。

曰："如此尚可仕乎！杀人以媚人，吾不为也。"[①]担任司法工作时，他依法治事，作风精细严谨，为人称道。

周敦颐一生只做过几任小官，但从不以此为介，处世超然自得。他尘视名利，雅好山林，有很高的精神境界。传说他住所的窗前杂草丛生，他却从不去锄，人问之，他答道："与自家意思一般。"这是一种要与生生不已的大自然融为一体的生命情怀。他的人格境界拔出流俗，对时人很有感染力。程颢青年时问学于周敦颐后，"慨然有求道之志"，"遂厌科举之业"。他曾写作《爱莲说》，称"予独爱莲之出淤泥而不染"。这篇格调清新的优美散文，脍炙人口。他所称道的莲的中正清直的"君子"品格寄托了他的儒家人格理想。[②]黄庭坚评价他"人品甚高，胸怀洒落，如光风霁月。廉于取名而锐于求志，薄于徼福而厚于得民，菲于奉身而燕及茕嫠，陋于希世而尚友千古"[③]。周敦颐的主要著作有《太极图说》和《通书》，共三千余字。他以这样短的篇幅，建构了一个囊括宇宙论、人性论、政治论的思想体系，文辞简约而意蕴深厚，是当之无愧的理学开山。

《太极图说》是解释《太极图》的著作，周敦颐据此建立了一个从太极到阴阳、五行、万物的宇宙论模式。宇宙的原初是太极，太极分化为阴阳二气，阴阳二气变化交合形成五行，各种特殊性质的五行进一步化合凝聚而产生万物。周敦

① 《周敦颐传》，载《宋史》卷四二七。

② 参见陈来《宋明理学》，辽宁教育出版社1991年版，第41—42页。

③ 《豫章集·濂溪诗序》。

颐认为，“惟人也，得其秀而最灵。形既生矣，神发知矣，五性感动而善恶分，万事出矣。圣人定之以中正仁义而主静，立人极焉”①。即人是由宇宙间最灵秀的气构成的，自然地具有了知觉和思维，由此也就有了善恶。圣人以“仁义中正”为道德原则，又以主静的方法进行修养。②

周敦颐的《通书》主要是对《周易》和《中庸》的发挥，其最高哲学范畴是“诚”。首先，“诚”是万物性命之本原，并作用于万物终始的全过程之中。他说：“大哉乾元，万物资始，诚之源也。乾道变化，各正性命，诚斯立焉，纯粹至善者也。”③至大的乾元也就是诚，乃是万物的本源。乾元天道的变化，使得万物各得其性命之正，这也是诚确立的过程，是纯粹至善的。其次，“诚”是世界的本质，纯粹至善正是这种本质的体现，因而也是社会伦理道德的最高准则。这样，天道和人道相连，通过天道的纯粹至善来证成人伦的合理性。④

程颢从学于周敦颐时，周敦颐常常令他寻求孔子和颜回所乐何事。经周敦颐的发问，“寻孔颜乐处”成了宋明理学的重大课题。周敦颐认为，颜回之乐根本不是因为贫贱本身有什么可“乐”之处，而是颜回已经达到一种超乎贫富的人生境界。这种“乐”是他的精神境界带给他的，不是由某种外在事物引起的，是一种高级的精神享受，是超越了人生

① 《太极图说》。

② 参见陈来《宋明理学》，第49页。

③ 《通书·诚上》。

④ 参见冯达文、郭齐勇《新编中国哲学史》(下册)，人民出版社2004年版，第20页。

利害而达到的内在幸福和愉快。人生应当追求的最高境界就是这样的。他的思想深刻地影响了后来理学的发展。

2. 张载

张载（1020—1077），字子厚，祖籍大梁（今河南开封），生于长安，因久居陕西凤翔府郿县横渠镇讲学，世称“横渠先生”。

张载生活在北宋中期，当时西北边患严重。他小时候“喜谈兵”，“年十八，慨然以功名自许，欲结客取洮西之地”[①]。他曾上书谒见当时担任陕西招讨副使的范仲淹，陈述用兵之事。范仲淹知道他是可造之材，教导他“儒者自有名教可乐，何事于兵”[②]，于是引导他学习《中庸》。从此，张载有志于道，用功于《中庸》，深造有得。他不以此为满足，“又访诸释老之书，累年尽究其说，知无所得，反而求之六经”[③]，终于彻底确立了他对佛老的批判立场，并在对其强烈批判中建立了自己的气本论哲学体系。他的学术思想被称为“关学”。

嘉祐年间，张载到汴京，曾坐在虎皮上讲《周易》，听者甚多。他后来见到表侄程颢、程颐，与他们讨论《易》，大惊，谦卑地认为自己不如二程，让听众尽从二程学。他们一起讨论道学，张载自信地说：“吾道自足，何事旁求！”[④]

---

① 《横渠学案》，载《宋元学案》卷十七。
② 同上。
③ （宋）吕大临：《横渠先生行状》，载《张载集》附录。
④ 同上。

他曾任云岩令，教民化俗。后因新法与王安石不和，托疾归横渠镇。熙宁末任同知太常礼院，到官不久，谒告而归，行至临潼，卒于馆舍。

张载一生穷身研几，努力探索宇宙人生的奥秘，二程对他推崇备至，认为“自孟子后，儒者都无他见识”。时人说他“以命世之宏才，旷古之绝识，参之以博闻强记之学，质之以稽天穷地之思”。他曾作诗曰：“芭蕉心尽展新枝，新卷新心暗已随。愿学新心养新德，旋随新叶起新枝。”[①]他一生思学并进，德智日新。据《横渠先生行状》记述，他“终日危坐一室，左右简编，俯而读，仰而思，有得则识之。或中夜起坐，取烛以书。其志道精思，未始须臾息，亦未始须臾忘也”。这正是他一生呕心沥血、穷神知化的写照。张载重要的著作有《正蒙》《易说》等，今人编为《张载集》。

张载建立了以气为本体的宏大的思想体系。他把宇宙的构成分为三个层次：太虚、气、万物。太虚之气聚合成为气，气聚合成为万物；万物散而为气，气散而为太虚。这两个相反的运动构成了宇宙的基本过程。根据这一思想，太虚、气、万物都是同一实体的不同状态，这个物质实体“气”在时间和空间上都是永恒的。这样，宇宙便没有所谓的“虚”“空”了，这是他辟佛老的根据。

对于宇宙的变化运动，他认为，万物都有统一的一面，也有对立的一面，正是这种对立的规定构成了完整的统一体。

① （宋）张载：《张载集·文集佚存·芭蕉》，中华书局1978年版，第369页。

统一和对立是相互依存的。所谓“一故神”，“两故化”，是指这种对立统一正是气也即是宇宙万物运动的根源。由于气的恒常性，宇宙万物也在永不停息地运动着。

张载认为太虚就是天，气化的过程就是道。虚与气构成性，性合上知觉便是心。“虚与气”分别是指太虚之气的本性与气的属性。太虚的本性是“湛一”，即纯粹沉定，气的属性是“攻取”，即爱欲之类。而太虚聚合为气，气聚合为人，故人同时具有上述两种属性。湛一之性表现为仁义礼智，又称为“天地之性”；攻取之性表现为饮食男女等自然属性，也叫作“气质之性”。

对于一个追求成德的君子，其主要的任务就在于思考如何保持自己的“天地之性”，战胜“气质之性”。张载提出的方法主要有“知礼成性”“变化气质”“穷理尽性”和“大其心”等。“礼”所代表的人伦规范具有合理性，能滋养人的德性，循礼行事就能保有自己的天地之性，也就是修业进德之事。“变化气质”是强调学习的重要性，通过学习能战胜自己身上的习气。学也主要指学习人伦规范等。“穷理尽性”是说通过广泛地穷解事物之理，才能穷尽人物之性，也就是天地之性。“大其心则能体天下之物”，感官所能直接把握的对象是十分有限的，“大心”是要求人的思维超出感性表象的范围，并通过直觉的方式尽可能地扩展思维的广度。

当人经过工夫修养之后回复到“天地之性”，所达到的境界就是有名的《西铭》：

乾称父，坤称母；予兹藐焉，乃混然中处。故天地之塞，吾其体；天地之帅，吾其性。民吾同胞，物吾与也。大君者，吾父母宗子；其大臣，宗子之家相也。尊高年，所以长其长；慈孤弱，所以幼其幼。……富贵福泽，将厚吾之生也；贫贱忧戚，庸玉汝于成也。存，吾顺事；没，吾宁也。①

天地是我的父母，我处于其中。我的身体是由天地中的气构成的，天地之性统率着我的本性。他人也是一样的，故而所有民众都是我的同胞，万物都是我的朋友。尊老爱幼都是分内之事。富贵福泽，能够使我生命充实；贫贱忧戚，不也能磨炼我、成就我？我活着，则顺应天道而行事；我死去，乃同归于大化流行，是休息。在这种万物一体的境界中，个体的道德自觉大大提高，其行为也就获得了更高的价值。当人将自身有限的生命投入到“为天地立心，为生民立命，为往圣继绝学，为万世开太平”的大业中时，他的一切行动都得到了升华。

张载的气学思想后来为朱熹所吸收，对宋明理学产生重要影响。他的“民胞物与”和以天下为己任的精神曾激励无数仁人志士奋斗。他的思想还直接影响到明末大儒王夫之。王夫之一生仰慕张载，他曾说过“希横渠之正学”，进一步发展了气学思想。

① 《正蒙·乾称篇》。

3. 程颢、程颐

程颢（1032—1085），字伯淳，世称“明道先生”。程颐（1033—1107），字正叔，世称“伊川先生”。两兄弟为河南洛阳人，皆出生在黄州黄陂（今属湖北武汉）。程颢自幼聪慧，年数岁，已有成人之度，其《酌贪泉》说“中心如自固，外物岂能迁”，很能表现志向。年十五、十六时，“闻汝南周茂叔论道，遂厌科举之业，慨然有求道之志”[①]。宋仁宗嘉祐二年（1057），中进士第。历任京兆府等地，为官时，凡坐处皆书“视民如伤”四字，常说“颢常愧此四字”。宋神宗熙宁二年（1069），升任太子中允、权监察御史里行。为宋神宗所器重，务以诚意感动人主，前后进说，未有一语言及功利。对于王安石变法，他一开始也是支持的，只是劝王安石要做“顺人心事”，而王安石对他也一直抱有好感，即使在斥逐旧党之时，仍称道他的忠信。程颢因屡次谏阻新法而不被采纳，遂自请去职。此后长期在地方任职，晚年主要在洛阳附近为官，广收门徒，从事讲学活动。元丰八年（1085）宋神宗去世，旧臣被起用。程颢被升为宗正寺丞，但此时已染重病，未赴任而卒。

程颐是程颢的弟弟，自幼克己自守，非礼不动。年十八，上书宋仁宗，劝宋仁宗以王道为心，并请求召对，未果。后游学太学，胡瑗以“颜子所好何学”为题考诸生，得程颐之论，大加赞叹，为他安排学职。嘉祐四年（1059），程颐应进士第，廷试不中，从此不再应考。他后来说自己“自少不喜进

① 《二程集·明道先生行状》。

取，以读书求道为事”，因为“做官夺人志”。事实上，程颐虽未中进士，但他的父亲官至太中大夫，屡有恩荫子孙做官的机会，而他每次都把机会让给族人。熙宁五年（1072），程颐随父归洛，程颢此时也罢归，于是兄弟二人在洛阳聚徒讲学。自此，门徒日众。元丰八年（1085），旧党当政，程颐被举荐为崇政殿说书，任幼君宋哲宗的老师。程颐素来严毅刚正，尊严师道，即使对皇帝也不稍有宽假。有一年春天，宋哲宗贪玩，凭栏折柳枝，程颐见到后立刻严肃地训诫道：“方春发生，不可无故摧折。”小皇帝不悦。程颐以天下自任，议论褒贬，无所顾避。有一次皇帝生病，宰相却不知，他为此当面斥责宰相。后来大臣也颇不悦他，苏轼和他形成洛蜀党争。元祐二年（1087），程颐被外放。元祐八年（1093），高太后去世，旧党失势，程颐被削职为民。绍圣四年（1097），程颐被遣送涪州（今属重庆）编管。在此期间，程颐潜心于《周易》，撰成《周易程氏传》。崇宁二年（1103），朝廷下令销毁他所有的著作，并令地方官监视他。宋徽宗即位，他被复职。不久，党禁又起，他的弟子也全被驱逐。大观元年（1107），程颐卒于洛阳。①

二程兄弟俩的气象迥异，时人说：“颢和粹之气盎于面背，但颐则接人以严毅。”门人朋友和程颢相处数十年，从未见过他发怒。弟子朱光庭去看望程颢，回来对人说：“某在春风中坐了一月。”程颢曾作诗曰：“闲来无事不从容，睡觉东窗日已红。万物静观皆自得，四时佳兴与人同。道通

① 参见陈来等《中国儒学史·宋元卷》，北京大学出版社2011年版，第193—194页。

天地有形外，思入风云变态中。富贵不淫贫贱乐，男儿到此是豪雄。”①鸢飞鱼跃，洒脱自得，和乐从容，他的人生境界确实相当之高，后人甚至把他和“复圣”颜子并论。

程颐则不同。有一次，他们借宿僧寺，大程行右，小程走左，随从都跟大程往右走，只小程一人在左边。颐也自知其姿性，说：“这是某不及家兄处。”颢和易，颐严重，故人乐近颢，远避颐。朋友韩维有一次约他们游湖，叫诸子随侍，有人言貌不庄敬，程颐回头厉声斥责：“汝辈从长者行，敢这样笑语！韩家孝谨家风何在！”韩维赶紧把那群年轻人赶走了。有一次程颐闭目静坐，弟子杨时、游酢就在旁边站着侍奉不敢离开。过了很久，程颐回顾说：“天黑了，回去吧！”杨时、游酢才辞退，出门一看，门外大学已有一尺多深了。这就是称道古今的“程门立雪”的故事，可见程颐平日的严厉。据程颐门人说，他在晚年“乃更平易”，但终究赶不上程颢的气象从容。晚年他从涪州顺长江而归，到峡江一处，水流湍急，风作浪涌，一舟人皆惊愕号哭，唯有程颐正襟危坐，凝然不动，可见他在晚年的精神境界确实修养得非常之高。程颐一生律己甚严，“举动必由乎礼”，“进退必合乎仪”，“修身行法，规矩准绳，独出诸儒之表”。他生时有人对他说：“先生谨于礼四五十年，应甚劳苦。”他回答说：“吾日履安地，何劳何苦？他人日践危地，此乃劳苦也。”他是自觉依循天理来行事守礼，而非用规范强制约束自己，真实地践行了自己的理学理念。

① 《偶成》。

程颐为其兄作《行状》曰：“明于庶物，察于人伦。知尽性至命，必本于孝悌。穷神知化，由通于礼乐。辨异端似是之非，开百代未明之惑。秦汉而下，未有臻斯理也。”“先生生于千四百年之后，得不传之学于遗经，以兴起斯文为己任，辨异端，辟邪说，使圣人之道焕然复明于世，盖自孟子之后，一人而已。”①后来程颐对其门人讲：“我昔状明道先生之行，我之道盖与明道同。异时欲知我者，求之于此文可也。”②这个评价并不过分，这也是宋明新儒者从本质上不同于汉唐儒者之处。

二程的言论与著作被后人编为《二程全书》，包括《二程遗书》《二程外书》《明道文集》《伊川文集》《伊川易传》《程氏经说》《二程粹言》等。

二程所开创的新儒学之所以称为“理学”而成为两宋理学的主流和典型形态，是因为“天理”或“理”是他们整个学说的基础和核心。二程曾不无自负地说：“吾学虽有授受，天理二字却是自家体贴出来。”③二程认为，天理乃“上天之载，无声无臭”，生生流行，浑然无间。此天理即是“生生之理”，在天为天道，在人为人性，在物为物理。故而此理既是一，又是多，是创造之源。

天理下贯于人即是人之仁义礼智信之性，这也就是人之“秉彝”。二程直接肯认人之仁义之性与天理同一，或者说，认定和确信人的仁义礼智信之性是超越的天理，因此仁

① 《二程集·明道先生行状》。

② 《二程集·河南程氏遗书》附录。

③ 《二程外书》。

义礼智信作为道德法则具有神圣、绝对和永恒的性质。在二程看来，天理在人身上的具体表现就是父子、君臣、兄弟、夫妇、朋友等人伦。因此，当人真正自觉依此君臣、父子、兄弟、朋友之间的孝悌忠信之道实践时，即能体会到孝悌忠信之人事乃人自身的本分，乃人责无旁贷、义不容辞的责任和义务；亦能觉悟到天人之道是一非二、天道人事皆为一理，尽孝悌忠信之人道即是事天奉天，即体现天道、天理，从而使人之达于父子、君臣、兄弟、朋友之间的孝悌忠信的行为具有了绝对的价值和无限圆满的意义，亦道德亦宗教的意义。

尽管二程的学术之旨同，但两人在许多方面又有一些差异，下面分别展示他们兄弟二人之差异。

在程颢的思想中，最能体现其思想风格和特点的无疑是他那些有关“仁”的论说：

> 仁者，以天地万物为一体，莫非己也。认得为己，何所不至？若不有诸己，自不与己相干。如手足不仁，气已不贯，皆不属己。①
>
> 学者须先识仁。仁者，浑然与物同体。义、礼、智、信皆仁也。识得此理，以诚敬存之而已，不须防检，不须穷索。若心懈则有防，心苟不懈，何防之有？理未有得，故须穷索。存久自明，安待穷索？此道与物无对，大不足以名之，天地之用皆

① 《二程遗书》卷二下。

我之用。孟子言“万物皆备于我”，须反身而诚，乃为大乐。①

天地以生生为理，人与万物同禀此理而生，此理即道即仁。“学者须先识仁”是要先体悟仁之本体，此仁之本体即人自身所本有的良知良能亦即“本心”或仁心。当人觉悟自身所本有的良知良能之心或仁心后，须以“诚敬”的工夫来存习此良知良能之心或仁心。人通过“识仁”与“诚敬存之”的修养工夫后所达至的理想之境就是“浑然与物同体”之境，达至这种理想之境的“仁者”乃仁心之化身，不仅能觉悟自己与天地万物为“血脉贯通”“疼痒相关”的“大身体”，而且能像爱护自己的身体一样切切实实地去给予天地万物以关心和爱护。

在程颐的思想中，他的“格物致知”论颇具特色，也最有影响。“格物致知”为《礼记·大学》中的条目，程颐以其为依据，作出体现他个人特色的引申和发挥，从而形成一套系统的格物致知理论。程颐将“格物”解释为“穷理”，“理”是指“天理”而非万事万物的“物理”（客观规律）。在他看来，“在天为命，在义为理，在人为性，主于身为心。其实一也”②。尽管“性”或“理”为人所本具，心、性、天、理亦本来即一，但因受到外物的蒙蔽，迷惑而不知，故须经过“格物致知”的修养工夫才能明此“理”。

① 《二程遗书》卷二上。

② 《二程遗书》卷十八。

在道德修养工夫上，程颐提出："涵养须用敬，进学则在致知。"[①]"居敬"是程颐提出的另一修养工夫。所谓"敬"即"主一""无适"，让心专于一处无三心二意，无任何偏向，而专心一处又并非是专心致志在某种具体的事物上，而是使心不外纵，心不放逸，心不走作。对程颐来说，"敬"的修养工夫不仅包括人内在的修养，同时还包括人外在的修养。他说："言不庄不敬，则鄙诈之心生矣；貌不庄不敬，则怠慢之心生矣。"[②]"动容貌、整思虑，则自然生敬。"[③]容貌、言谈、举止的修养虽是外在的，但通过这种外在的修养，不仅能使人养成一种良好的习惯，而且能使人身心收敛，时时存敬诚之意。程颐的这种修养工夫具有有规可循、有阶可历、平实具体、循序渐进、严肃笃实的特点。

二程乃是中国历史上杰出的思想家，作为宋明理学的奠基人，其所建立的博大精深的理学体系为朱熹所继承和发挥，长久地影响着民族心灵。他们成功地教育了不少杰出弟子，如杨时、谢良佐、游酢、尹焞等，为宋明理学的发展奠定了人才基础。

4. 邵雍

邵雍（1011—1077），字尧夫，谥康节，祖籍河北范阳。年轻时刻苦力学，性恢宏。从李之才受河图洛书、《周易》图象。他长期居洛阳，生活清贫，但怡然自乐，名其居曰"

① 《二程遗书》卷十八。

② 《二程遗书》卷一。

③ 《二程遗书》卷十五。

安乐窝”，自号安乐先生。他常常乘小车在城中游玩，士人百姓、童孺厮隶皆争相迎迓。当时富弼、司马光、二程兄弟也在洛阳，与邵雍相友善。他的学问极其博杂，建构了一个以太极为环中的“包括宇宙，始终今古”的庞大象数学思想体系，开创了流行于宋以后的先天图书易学的崭新局面。其主要著作有《皇极经世书》《渔樵问对》《伊川击壤集》等。

邵雍建立了一种所谓的先天象数学。先天乃是相对于后天而言的，后天指文王所演《易》，而先天则是伏羲所画之《易》，蕴含了天地万物之理。他说：“先天之学，心也；后天之学，迹也；出入有无生死者，道也。”①这里的“心”，不限于人心，还包括天地万物之心。先天学之心法，表现在先天图的读法都是从“中”开始。“天中”与“人心”是一非二，关键在于“人心”要能合于“天中”。

邵雍还根据《周易》六十四卦的形成，来模拟宇宙生成过程。“元会运世”是他用以计算宇宙终始之数的时间单位。他依据一年十二月，一月三十日，一日十二辰，一辰三十分，定义一元十二会，一会三十运，一运十二世，一世三十年。一元为十二万九千六百年，是宇宙终始之数的一个周期。一元十二会，依次为十二地支，前三会为天地初始，即“天开于子，地辟于丑，人生于寅”。至十一会万物灭绝，十二会天地消灭，然后另一元之数复起，宇宙如此循环往复，生生不息。

邵雍的理论蕴含有着深厚的人文智慧。他指出宇宙是一

① 《皇极经世书·观物外篇》。

个有限的过程，阴阳消长，此起彼伏，极大地开拓了人们的宏观视野。

（三）朱熹

朱熹（1130—1200），字元晦，一字仲晦，号晦庵，徽州婺源（今属江西）人，出生于福建尤溪。①

朱熹从小就很聪明，四岁时，其父教他认天，朱熹问："天之上何物？"朱熹一生也保持了这种追问的精神。八岁时就学，"厉志圣贤之学"，慨然奋发。读《孝经》，题字"不若是，非人也"。十数岁时，读到《孟子》"圣人与我同类"，喜不可言，于是立志做一个圣人。朱熹十一岁，在父亲严格的教育下经历"十年寂寞抱遗经"的生活，不仅苦读，而且教以如何做人的道理。朱熹十四岁，朱松病逝，他遵父遗训，先后受学于胡宪、刘勉之、刘子翚三位先生。三位先生是信奉二程的理学家，在政治上主战反和，这对朱熹抗金的政治立场有很大影响。

绍兴十八年（1148），十九岁的朱熹中进士。绍兴二十一年（1151），朱熹任泉州同安县主簿。赴任途中拜访李侗（延平先生）。朱熹在任同安主簿期间，"在职勤敏，纤悉必亲"。他在同安还兴办教育，亲自讲学，以儒家的志道、据德、依仁、游艺为为学宗旨。

---

① 参见张立文《朱熹评传》，南京大学出版社1998年版，第1—38页。

孝宗初立，下诏求直言，朱熹数次上疏，孜孜恳请孝宗要“正心诚意”“延访真儒”“置诸左右，以备顾问”，要“正朝廷”“立纪纲”，反和主战。此后他参与了一系列的赈恤事件。也是在这一年他前往长沙访张栻，朝夕与其论道。张栻乃湖湘学派胡宏门人，是当时的大学者。

淳熙二年（1175）三月，朱熹与吕祖谦一起编成《近思录》一书。此书乃周敦颐、张载、程颢、程颐四子的思想精华，是理学的经典名著。五月，吕祖谦邀请朱熹和心学学者陆九渊兄弟以及江浙诸友赴江西上饶鹅湖寺论学，这就是学术史上有名的“鹅湖之会”。

淳熙五年（1178），朱熹知南康军（今江西省庐山市）。淳熙七年（1180）他修复白鹿洞书院，并亲自制定《白鹿洞书院学规》。白鹿洞书院后来成为全国著名的四大书院之一，其《学规》也成为各书院的楷模。

淳熙八年（1181），朱熹因为弹劾唐仲友而得罪王淮。淳熙九年（1182）八月，朱熹辞归崇安，王淮指使郑丙上疏，以道学“欺世盗名”为由开始攻击道学，矛头直指朱熹。不久，朱熹建成武夷精舍，在那里著述讲学，并和陈亮进行王霸义利之辩，和陆九渊展开太极之辩。淳熙十五年（1188），王淮罢相，朱熹奉召入都，路上有人对他说，皇帝不喜欢什么“正心诚意”，见了皇帝可千万别说这些！朱熹严肃地回答：“吾平生所学，惟此四字，岂可隐默以欺吾君乎！”

绍熙元年（1190），朱熹任漳州知州，是年六十一岁。绍熙五年（1194），光宗内禅，宁宗即位。朱熹被任为焕章阁待制兼侍讲。赴京初见宁宗，朱熹便上《行宫便殿奏劄》五篇，一再谆谆恳请皇帝要“动心忍性”，浚发德音，痛自克责，等等。他在给宁宗讲书后常常痛陈时政，特别是对当时的政坛新贵韩侂胄多有批评。宋宁宗逐渐对朱熹不满，很快就免了朱熹的侍讲之职。

庆元二年（1196），南宋最大的党禁开始，矛头直指朱熹，称之为“伪学之魁”，要求“请将语录之类尽行除毁”。十二月，朱熹落职。他的大弟子蔡元定也被遣送道州编管。朱熹对所有的攻击诬陷都没有进行任何辩白，反而上谢表全部接受下来。

庆元六年（1200）三月九日，朱熹卒，享年七十一岁。朱熹去世后，辛弃疾哭祭道：“所不朽者，垂万世名。孰谓公死，凛凛犹生！”①陆游哭祭道：“某有捐百身起九原之心，有倾长河注东海之泪。路修齿耄，神往形留。公殁不亡，尚其来享！”②

朱熹历事高宗、孝宗、光宗、宁宗四朝，立于朝堂仅四十六日，为官不到十年，其余四十年都在从事讲学和著述。他少时家贫，后来也很少做官，生活比较窘迫，学生远近来学，自负粮食，常无肉菜，仅“脱粟饭”而已。尽管如此，他和他的学生们不以此为意，著书与讲学是他一生最大的乐趣。

朱熹一生著作宏富，淹贯四部，罕有其匹。最重要的有《四书章句集注》，是理学乃至中国文化的最重要经典之一，宋以

① 《辛弃疾传》，载《宋史》卷四〇一。

② 《祭朱元晦侍讲文》，载《渭南文集》卷三十六。

后因为朱子的注疏成为科举考试的标准，影响甚大。朱熹几乎一生都致力于此书，到临终前两天还在修改《大学章句》，真是心血凝聚。

朱熹是北宋以来理学思想的集大成者，他融会统合北宋五子，构建了一个庞大的思想体系。他的哲学思想以太极论、理气论、心性论为核心，强调“无极而太极”、理气浑然一体的理学观；通过对未发、已发、中和及仁学等问题的讨论，对心性情等范畴作了细致的分析，以“心统性情”发展了传统的心性论，肯定了“气质之性”对人性善恶之辨的重要意义；并着重强调了居敬穷理的操存涵养工夫，认为只有通过这层存养工夫，才能树立起人之本，达到生命的净化和升华。朱熹由心性学上的道心人心、天理人欲之辨，进而在历史观上认为三代以天理行，此后则以人欲行。因此要恢复三代之至治，则必须存天理、灭人欲，尊王贱霸。这些都是《大学》三纲领、八条目之教深入而具体的反映。①

朱熹思想的核心是二程提出的“天理”，朱熹将其统摄在“无极而太极”之下。在朱熹那里，太极也就是天理，是天地万物之理。

相较于二程对“气”的忽视，朱熹充分地吸纳了张载的气学。他认为气是形成事物形质的根源，形器实体的存亡生灭，都是气的聚散；而气之聚散的根据，则是理。有理必有气，有气必有理，才能生成真切实际的天地和万事万物。

① 参见冯达文、郭齐勇《新编中国哲学史》（下），第65—66页。

理为形上之道，是生物之本原；气为形下之器，是生物之资具。理不离气，气不离理，理气相即，理在气中，理气一体浑成，理与气是构成此世界的两大根据。太极是天地万物之理，在天地言，则天地中有太极；在万物言，则万物中各有一太极，浑成之理备于天地间万事万物。

理或太极虽然唯一，但落实到具体的形下世界和人身上则各有其理，这就是“理一分殊”。理一分殊的思想最早萌发于张载，对朱熹来说，万物所同出的“一理”亦即太极是通过“分殊”以见其用的，各种具体的人伦道德规范都是此“一理”的体现。朱熹尤为注重“理一”在“分殊”或“用”中的那种差别，他说：“自天地言之，其中固自有分别；自万殊观之，其中亦自有分别。不可认是一理了，只滚做一看，这里各自有等级差别。且如人之一家，自有等级之别。所以乾则称父，坤则称母，不可弃了自家父母，却把乾坤做自家父母看。且如‘民吾同胞’，与自家兄弟同胞，又自别。”[①]一个人首先爱自己的父母，然后再推及他人和物，一个人对父母、兄弟、他人及万物所负有的义务也自有等级差别，这是自然如此的次第。

朱熹的人性论以理气观为基础。在人性论上，他区分了“天地之性”和“气质之性”：“论天地之性，则专指理言；论气质之性，则以理与气杂而言之，非以气为性命也。”[②]也就是说，前者是纯亦不已的至善之性，是人之为

① 《朱子语类》卷九十八。

② 《答郑子上》，载《朱文公文集》卷五十六。

人的根本，是成德向上的基础；后者是有善有不善的现实人性，能表现出善恶混杂的情用。只要一说到性就已经是兼乎气质而言，本然之性已在气质之性中。

仁义礼智之性体，因恻隐、羞恶、辞让、是非之情用而发见于外。由未发之性体到已发之情用，朱熹特重发明“心主性情”之说。“性，其理；情，其用。心者，兼性情而言。兼性情而言者，包乎性情也。”[①]对朱熹来说，性为体，乃未发；情为用，乃已发。心因具“虚明洞彻”的特性与功能，故能统性情。

体验心的未发之中，理会其已发之情，以及“明明德”而“止于至善”，必须在尽心的工夫上操存涵养，精一执中，才能发道心之微，去人心之危。朱熹继承程颐“涵养须用敬，进学则在致知”的观点，既重“尊德性”，亦重“道问学”，发展出他自己的一套“居敬穷理”论。居敬涵养要求人身心并重、内外交修，做到内无妄思、外无妄动。其目的则是使人做到一种自觉的提撕和警醒，“只是提撕此心，教他光明，则于事无不见，久之自然刚健有力”[②]。在朱熹看来，人只有通过居敬涵养、存心养性，才能使其自身之心性光明纯洁，仁心仁性发辉朗照，从而做到“吾心湛然，天理粲然，无一分著力处，亦无一分不著力处”[③]。

对于格物穷理，他继承程颐的观点，认为“格，至也。物，

① 《朱子语类》卷二十。

② 《朱子语类》卷十二。

③ 《朱子语类》卷二十。

犹事也。穷至事物之理，欲其极处无不到也”[①]这里的“理”主要还是指儒家的道德原则和人伦规范，要求人在人伦实践与性命本原上落实和求索。在朱子看来，通过“格物穷理”则能达到“豁然贯通”“吾心之全体大用无不明”[②]的境界，即能自觉、主动服从和践履孝悌忠信等人伦规范。

中国文化自春秋以来，几经起伏，至宋明而理学昌盛。理学昌盛实有赖于理学诸家，其中朱熹之功尤为显赫、关键。朱熹批评佛道，融会诸家，总结儒学，追尊道统，成绩斐然。其于政事治道、教育师道、经史博古与文章子集的各方面，都有全面的开拓创新。他既重思想的开创，亦重系统的建构，在当时及以后堪称巅峰。由他所建立的程朱理学系统，因其蓬勃广大的生命力最终深入民族意识的深处，成为传统文化和民族精神的基因，对此后的中国乃至整个东亚文化圈影响深远。[③]

（四）陆九渊

陆九渊（1139—1193），字子静，抚州金溪（今江西临川）人，世称“象山先生”。他少年老成，四岁时“静重如成人”；聪明好学，遇事必问。一日，陆九渊问他的父亲天地的边际在哪里，他父亲笑而不答，他自己竟然深思至忘寝食。十几岁时，在古书上读到“宇宙”二字，上面解释说：“四方上

① 《大学章句》。

② 同上。

③ 参见郭齐勇《中国哲学史》，第282页。

下曰宇，往古来今曰宙。”他忽然醒悟到“元来无穷。人与天地万物，皆在无穷之中者也”。遂提笔写下：“宇宙内事乃己分内事，己分内事乃宇宙内事。”又说：“宇宙便是吾心，吾心即是宇宙。东海有圣人出焉，此心同也，此理同也。西海有圣人出焉，此心同也，此理同也。南海北海有圣人出焉，此心同也，此理同也。千百世之上至千百世之下，有圣人出焉，此心此理，亦莫不同也。”[①]陆九渊的思想相当早熟。

陆九渊去临安应试，杨简时任富阳主簿，他问陆九渊：“如何是本心？”陆九渊回答说：“恻隐，仁之端也；羞恶，义之端也；辞让，礼之端也；是非，智之端也。此即是本心。”这是孟子有名的“四端说”，由此我们可以看到心学和孟子思想的亲缘关系。

宋孝宗淳熙二年（1175），吕祖谦约陆九渊与其兄九龄前往江西铅山鹅湖寺，和朱熹及其他江浙诸友论学，群英荟萃，盛况空前。这就是历史上赫赫有名的“鹅湖之会”。陆九龄首先作诗表达其学术宗旨：

> 孩提知爱长知钦，古圣相传只此心。
> 大抵有基方筑室，未闻无址忽成岑。
> 留情传注翻蓁塞，着意精微转陆沉。
> 珍重友朋相切琢，须知至乐在于今。[②]

① 《年谱》，载《陆九渊集》卷三十六。

② 同上。

才吟到第四句，朱熹就说："子寿（陆九龄）早已上子静（陆九渊）舡（船）了也。"而陆九渊却说："诗甚佳，但第二句微有未安。"并自己和诗道：

墟墓兴哀宗庙钦，斯人千古不磨心。
涓流滴到沧溟水，拳石崇成泰华岑。
易简工夫终久大，支离事业竟浮沉。
欲知自下升高处，真伪先须辨只今。①

陆九渊之所以对其五兄的诗表示"未安"，是因其将心说成是"古圣相传"的，这样，心就成为圣贤之间代代相传的而与凡夫大众无关了。而在陆九渊看来，本心不仅是人人必具的，而且是千古不灭的，这也就是"人皆可以为尧舜"的基础。至于"沧溟水""泰华岑"，也都由此本心而来，所以最后表示"欲知自下升高处，真伪先须辨只今"。"自下升高"，指人生修养的方向；"真伪辨只今"，即在人手之处，必须当下确认本心。所以，全诗所表现的正是其基于本心而先立乎其大的为学主张。

陆九渊吟到第六句时，朱熹脸上顿然失色。"易简工夫"是指自己的学问，而"支离事业"则是指朱熹的，朱熹自然不悦。因气氛过于紧张，大家就各自先行休息。接下来几天又继续论辩，陆九渊善辩，大破朱熹、吕祖谦之说。三年后，朱熹才以和诗的方式对二陆的为学主张作了答复：

① 《语录上》，载《陆九渊集》卷三十四。

德义风流夙所钦，别离三载更关心。

偶扶藜杖出寒谷，又枉篮舆度远岑。

旧学商量加邃密，新知培养转深沉。

却愁说到无言处，不信人间有古今。①

所谓“说到无言”，“不信”“古今”，都是就陆学发明本心、先立乎其大而废弃讲学而言的。“鹅湖之会”作为学术思想的调和是失败了，但是，作为双方为学观点的相互了解又是很成功的。此后，朱陆双方又就许多学术问题相互辩论，而理学和心学也就在他们的相互辩难中日趋成熟。此后，在淳熙八年（1181），他们又有一次会面。

淳熙十三年（1186）冬，陆九渊退出朝堂，还乡教学。第二年，他的弟子迎他去贵溪应天山讲学，陆九渊很喜欢那里的山水风景，将应天山改名为象山，建象山精舍，“从容讲道，歌咏愉愉，有终焉之意”。

淳熙十六年（1189），宋光宗即位，诏令陆九渊出知荆门军（今湖北当阳）。他在荆门开展了一系列整顿和改革工作，卓有成效。绍熙三年（1192）十二月十四日，陆九渊去世。士人百姓，沉痛万分。当地父老祭文云：“刺史以诗书为政，待邦人如子弟，百姓安之，何遽惊哲人之萎也！”他的儿子护送灵柩回乡，“沿途吊哭致祭者甚众”。

陆九渊为学主张“先立其大本”，并不特别重视读书，他一生无正式著作，后人整理的《陆九渊集》主要是他的书

① 《鹅湖寺和陆子寿》，载《朱文公文集》卷四。

信和语录的汇编。

陆九渊曾自述其学乃“读《孟子》而自得之”，他可以称得上是孟子的千古解人。他的思想体系的核心即是从孟子那里继承来的“本心”。在杨简一再追问本心是什么时，陆九渊却始终只以孟子的恻隐、羞恶、辞让、是非四端之心作答。他最后指点出杨简在断案中能自觉地知是知非，这才令他体悟到“本心”。人一旦对自身所本有的道德意识有一种真切的感受和体会时才能觉悟到此“本心”即“四端之心”，“四端之心”即本心。本心是人先天的道德意识和情感，人的一切道德行为都根源于此。并且他认为此心完全不依赖于学习和社会生活，具有超时代的普遍性。

针对程朱的“性即理”，陆九渊提出“心即理”的观点。他说：“‘四端’者，即此心也。‘天之所以与我者’，即此心也。人皆有是心，心皆具是理，心即理也”。[①]对陆九渊来说，如果说他所谓的“本心”即“四端之心”所表明的是此“本心”作为道德情感的向度，那么，他“心即理”的思想所表明的则可以说是此“本心”作为道德法则的向度，故此“本心”乃道德情感、道德法则、道德意志的统一体。

既然人人本具纯善的道德本心，那么成就德性的工夫就该在“本心”上用力，陆九渊据此提出“发明本心”修养论。他继承了孟子“先立乎其大者”的为学宗旨。所谓“大者”，就是此理此“本心”。一个人若能先立乎作为人之“本”的“本心”，就如同有源之流，取用无穷，盈科四海。陆九渊

① 《与李宰二》，载《陆九渊集》卷十一。

力图从不同方面和角度来启迪、唤起人们对“本心”的觉悟和信念。他对学者说，“请尊兄即今自立，正坐拱手，收拾精神，自作主宰。万物皆备于我，有何欠阙！”[①]这是一种真正的奋发和担当的精神。

陆氏之学在当时与婺源朱学、东莱吕学并显于世，有很大的影响，然而在南宋末期以后的很长时间里，理学渐盛而心学渐衰。到了明中期，心学在王阳明的发明阐扬之下才重新活跃在思想界，取得压倒之势。陆九渊与朱熹学说的分歧主要在于：陆强调尊德性，朱强调道问学；陆讲心即理，朱主性即理；陆重明心，朱重格物。这些分歧也可以说并不只是朱熹与陆九渊两人的分歧，而是代表着宋明理学自身的一系列矛盾。

（五）其他学派

有宋一代，思想活跃，推陈出新，并不只有理学独盛，还涌现了其他讲求义理的学派，其中重要的有新学、蜀学、功利之学。

新学又称荆公新学，乃王安石所创立的学派。新学认为气是万物的根本，气及其所生成的万物必由之路就是“道”。新学是王安石变法的哲学基础。

蜀学是以苏洵、苏轼和苏辙为代表的儒学派别。蜀学的特点是驳杂不纯，融会儒释道于一炉。蜀学以道为万物本根，又以虚无为道。

① 《语录下》，载《陆九渊集》卷三十五。

功利之学主要代表有永嘉叶适和永康陈亮。功利之学反对虚谈性命，提倡实事实功。该学派强调“道在物中”，反对“离器言道”和“容理于心”，认为高尚道德在事功中才能表现，道德的完善在实事中才能达到。

1. 王安石

王安石（1021—1086），字介甫，抚州临川（今江西省抚州市临川区）人，封荆国公。他早年做鄞县知县，三日一治县事，起堤堰，决陂塘，为水陆之利，贷谷于民，立息以偿，使新陈相易，方便百姓。后拜为神宗宰相，劝神宗效法尧舜而非唐太宗。他领导了影响深远的政治改革运动，史称“熙宁变法”。变法的目的是为了改变积贫积弱的国势，以富国强兵。他和神宗之间的“千年遇合”“得君行道”，成为宋朝政治的一个范式，对理学诸子产生了深远的影响。但是他的改革并不算成功，在前期他得到了不少人的支持，其中包括理学家程颢。在后期，他的变法没有显出应有的成效，并且由于操之过急，出现了不少的弊端。而且王安石刚愎自用，身边几乎都是小人，自己也被小人利用，这是宋代之后的几次朋党之争的源头，对宋代政治造成了很恶劣的影响。后来南宋人民普遍将北宋灭亡归之于王安石变法。

当时，改革几乎是时代的呼声，理学家如程颢在早期也支持熙宁变法，但后来他们却强烈反对。理学家们认为，改革失败的根源在于王安石的指导思想不正确，虽然王安石的动机很好、道德高尚，但其学驳杂，于人心人性问题未得正解，故失败是不可避免的。这就迫使理学家们建立他们认为正确的理论，纠偏救弊，正世道人心。

王安石变法的理论根据是他创立的“新学”，以《三经新义》（三经指《诗》《书》《周官》，《周官》即《周礼》）为核心，其目的一是为了“钳儒者之口”，二是为了促使人心观念的扭转，开启治道之真谛。他建立了以“元气”为道之本体、“冲气”为道之发用流行的宇宙论。他认为性情一体，性是情之本，情是性之用，故而性是无所谓善恶的。他的学术吸收了很多佛老法家的因素，故传统上以其为“杂学”，但事实上他博涉百家，更有一种自觉的广博平等的胸襟与心态，欲融会各家以推明圣人之道。

王安石一生有大志，早年即“欲与稷契遐相希”，欲成就儒家的外王大道。他推崇孟子，亦以孟子自况：“何妨举世嫌迂阔，故有斯人慰寂寥。”他去世百年之后，陆九渊评价他：“扫俗学之凡陋，振弊法之因循，道术必为孔孟，勋绩必为伊周，公之志也。”[①]综观王安石平生的学术与事业，可谓无负其志。

2. 三苏

苏洵（1006—1066）、苏轼（1036—1101）、苏辙（1039—1112），眉州眉山人。他们父子兄弟三人合称“三苏”，开蜀学。他们善于作文，均列于“唐宋八大家”，在

① 《荆国王文公祠堂记》，载《陆九渊集》卷十九。

文学史上的影响远甚于儒学。蜀学泛滥诸子，出入释老，无拘无束，驳杂而恢宏。蜀学在北宋与二程的洛学、王安石的新学并立，卓然独立，自成一家。“三苏”中以苏轼成就最高，其儒学著作有《东坡书传》和《论语说》等。还有《东坡易传》一书，实为父子三人合力而作，多用佛老思想来解《易》，很能代表蜀学风格。

在《东坡易传》中，苏氏以道与阴阳各为一物，借阴阳以喻道，把道说成“物未生”“廓然无一物”的状态，《东坡易传》又说：

> 属目于无形者，或见其意之所存，故仁者以道为仁，意存乎仁也；知者以道为知，意存乎知也。贤者存意而妄见，愚者日用而不知，是以君子之道，成之以性者鲜矣。①

由于受老子影响，苏氏把道看作似有似无，便不能把性与道直接联系在一起，竟然将仁、智都说成是人的“妄见”。朱熹指出：“苏氏不知仁知之根于性，顾以仁知为妄见，乃释、老之说。”②

“三苏”在文学上取得了巨大的成就，但在儒学理论体系的建构上，以及对心性问题的认识上，则驳杂有余而沉潜不足，与当时缜密精微的“洛学”“关学”相比，便显得相形

① 《苏氏蜀学略》，载《宋元学案》卷九十九。

② 同上。

见绌了。

3. 陈亮

陈亮（1143—1194），字同甫，世称“龙川先生”，浙江永康人。其为人才气超迈，喜谈兵，议论风生，下笔数千言立就。朱熹、吕祖谦对陈亮评价颇高。他甚刚直，曾六次上书朝廷，直陈政弊，遭多方忌恨，两次系狱，经朋友多方营救才得脱身。陈亮虽才气纵横，科举却屡不利，晚年才高中状元。著有《龙川文集》。

陈亮也曾究心于北宋二程理学，基本认同程氏的义理框架，但他的关注点却并非心性之论，而是外王事功。对于形上本体“道”，他认为“道非出于形气之表，而常行于事物之间”①，强调事外无道，道外无事，偏重于一个充满“物”“事”的世界。他特别称赞大禹之事功和孟子之德业，说：“功到成处，便是有德；事到济处，便是有理”②，强调事功即是“有德”“有理”，在具体的功用实践中来表现理。

陈亮是朱熹学术上的论敌，他们就王霸、义利之辨往复论争。朱熹严分王霸义利，认为三代以上天理流行，而三代以下则人欲横流，因此，“圣人之教，必欲其尽去人欲而复全天理也”③。陈亮则认为三代以下也有其道理，汉唐虽不尽合乎王道，但本领阔大，仍有可取之处。

① 《勉强行道大有功》，载《陈亮集》卷九。
② 《致陈同甫书》，载陈傅良：《止斋集》卷五。
③ 《寄陈同甫书》，载《陈亮集》卷二十附。

4. 叶适

叶适（1150—1223），字正则，世称水心先生，浙江永嘉人。叶适在政治上与陈亮、朱熹等人相友善，都坚决抗金，反对和议。在学术上，他与陈亮、薛季宣相近，而与朱熹是论敌。著有《习学记言》《水心文集》等。

叶适基于当时的国家危机，提出功利之学，反对空谈心性。他的思想主张是将道德义理与治教人事相结合，道德义理通过事功得以体现出来，反对脱离事功以言义理。他说：

> 仁人正谊不谋利，明道不计功，此语初看极好，细看全疏阔。古人以利与人而不自居其功，故道义光明。后世儒者行仲舒之论，既无功利，则道义者乃无用之虚语尔。[①]

在道义与功利的关系问题上，叶适主张二者兼顾，古人以利与人而不自居其功，故而道义光明，也就是说利的实现即是道义的体现。而董仲舒之论，却疏阔不切实用。叶适进而明确提出仁、义、礼、乐无分于三代以上与三代以下，反对理学家对汉唐的一概抹杀。他还根据自己的理论重新检讨了当时的儒家道统说，认为儒家道统从来就是与现实的政教、礼乐、人事密切相关的，没有先于物、离开物而独存的道。他因此对孔子以下的曾子、子思和孟子等多有批判。

---

① 《习学记言》卷二十三。

永嘉、永康功利之学，对于丰富儒家内涵，对于儒家自身的革新和发展，是具有重大历史意义的。

二、元明儒学

（一）心学先声

元代儒学定朱子于一尊，但却表现为朱熹、陆九渊之学的合流，代表者有吴澄等人，认为朱陆本为一致，所谓的“异同”是由两派庸劣门人互相贬斥造成的。明承元制，官方以程朱为尊。明初期学者大都不失程朱理学矩镬，如曹端、薛瑄诸人。明代中期，理学逐渐僵化，已不能满足部分儒者的精神需求。陈献章首倡以自然为宗，强调“心与理一”，开启了明代心学的先声。湛若水得陈献章之传，提出“心体物而不遗”和“随处体认天理”之说。

1. 元代儒学

蒙元灭南宋，入主中原，却被成熟的汉文化所融合。由于治理多民族大国的需要，儒学很合理地成了元代国学。蒙古人的儒学是对金人儒学的继承，因而起点较低，整个元代八十多年的儒学水平也始终不高。不过，元代儒学也是承宋启明不可或缺的一环。

元代儒学的特点主要有三个：一是程朱之学广泛传播并被列为官学，定于一尊；二是出现了朱熹、陆九渊合流的学术思潮；三是元代学术比较粗略，并未对理学义理有深刻阐述与发挥。元代将朱熹的《四书章句集注》定为科举考试的主要内容，并为其后的明、清两代所继承，对中国历史产生重大影响。

吴澄是元代朱陆合流的代表人物。吴澄（1249—1333），字幼清，号草庐，抚州崇仁（今属江西）人。他很早就接触理学，是程朱的正宗传人。

吴澄的“和会朱陆”首先是从批判维持数十年的朱陆门户之见入手的。在他看来，所谓朱陆之争，实际上是朱陆二家的庸劣后学为了各自标榜而有意制造出来的，而其实朱陆二人学本相同。这种主张极大地影响了此后儒学的发展。

2. 明初理学

明初，程朱理学继续一家独尊。明代统治者采取了正纲纪、复旧制、尊儒崇朱等举措。永乐年间，明成祖下令，以程朱为标准，汇集经传、集注，编为《五经大全》《四书大全》《性理大全》，诏颁天下，统一思想。明初思想界，“皆朱熹门人之支流余裔，师承有自，矩镬秩然”①。杨东莼在《中国学术史讲话》中说：“明初诸儒，如正学方孝孺、月川曹端、敬轩薛瑄、康斋吴与弼、敬斋胡居仁，都笃守宋儒矩镬，至白沙（陈献章）出，始别树一帜，而为阳明（王守仁）的先驱。”②

---

① 《儒林传》，载《明史》卷二八二。

② 参见杨东莼《中国学术史讲话》，东方出版社1996年版，第241页。

陈献章（1428—1500），字公甫，号石斋，广东新会白沙村人，世称“白沙先生”。陈献章生于明初，亲身经历了明代统治者以朱学为官方哲学的种种弊端，终生未仕。他完成了明代儒学由理学向心学的转向，也因此而成为明代心学的奠基人。

陈献章为学，主张静坐。“为学须从静坐中养出个端倪来，方有商量处。”①所谓静中养出端倪，就是指在静中见呈露的心体，有一种“常若有物”的体验。有了这种体验，在日用伦常之中就如同掌握了驾驭意识活动的主宰。

在境界的修行上，他追求一种超道德境界，其特征是“乐”“洒落”“自然”。所谓“自然”是指心灵的自由、不受抑制牵累，也就是“无滞”。他认为，自然之乐来自孟子讲的“勿忘勿助”工夫，曾点只讲了乐，没有讲工夫，孟子则把工夫也讲出来了。离开了孟子勿忘勿助及养气的工夫去谈论曾点之乐，不过是说梦而已。有了孟子所说的工夫，无处而不自得，就能达到“不著一事”的尧舜气象。

黄宗羲曾经评价陈献章，认为“有明之学，至白沙始入精微”②。陈献章有弟子湛若水，能传白沙之学，倡“随处体认天理”之说，与王守仁相友善，两人“共以倡明圣学为事”，将明代心学推向高潮。

① 《与贺克恭黄门二》，载《陈献章集》卷二。

② 《明儒学案·白沙学案》。

（二）阳明心学

1. 王守仁的生平

王守仁（1472—1529），字伯安，浙江余姚人，谥文成，世称“阳明先生”。阳明祖上以儒名家，父亲曾状元及第。他从小就显出很高的天赋，据说他的祖父曾偕阳明赴北京，途中路过金山寺，祖父与客酒酣，拟赋诗而未成。此时阳明在旁却赋得一首诗：“金山一点大如拳，打破维扬水底天。醉倚妙高台上月，玉箫吹彻洞龙眠。”这首诗很有气势，一点拳头大的金山打破水底天，似乎象征着以后他的思想对整个学术界的强烈震撼。

第二年阳明正式上学。他曾问老师：“何为第一等事？”老师答曰：“惟读书登第耳。”阳明怀疑地说道：“登第恐未为第一等事，或读书学圣贤耳。”十五岁时，阳明出游居庸三关，慨然有经略四方之志。他在塞外调查诸游牧民族的种族，思考备御之策。又驱逐胡儿骑射，经月始返。十七岁时，他前往洪都娶亲。结婚那天，他偶然信步走到一座道观，遇到一位道士打坐，就向他请教养生之说，聊得尽兴，竟然忘了回去。他的岳父赶紧派人去找，第二日早上他才回来。第二年，他偕夫人回乡，路过广信，拜访了有名的学者娄谅，娄谅告诉他“圣人必可学而至”。从那时候开始，阳明开始致力于圣贤之学。

二十一岁时，阳明开始钻研程朱理学。一日，读到朱熹说“众物必有表里精粗，一草一木，皆涵至理”，正好官衙里种了很多竹子，他就对着竹子实践格物说。他苦苦思索而卒无所得，由于用脑过度，竟然生病了。阳明不得不感慨大概圣贤乃是天定的，自己学不来，于是放下这些，留心于辞章佛老之学。这就是有名的“格竹子”说。阳明自觉地遵从朱熹的学术路向，做格物致知的工夫，但在实践中发现这条道路难以继续，这就不得不迫使他以后在思想上作出全新的开拓。

大约在三十岁之前，阳明一直未找到生命的真正皈依，长期沉湎于神仙佛老之说，到处拜访僧道，并学习参禅打坐。三十一岁时，他曾想着离世修行，但又念及祖母和父亲都在，故而未下决断。不久，他又忽然醒悟到，这种念头在孩提之时就有。这种念头若没了，那岂不是断灭人性了！这才察觉到仙释之非，认为人伦不可弃。

三十四岁时，阳明在京师倡言身心之学。他与翰林庶吉士湛若水一见定交，二人相契极深，共以倡明圣学为事。湛若水是著名道学家陈献章的弟子，深得其真传。

明武宗正德元年（1506），阳明因上疏被廷杖五十，此后被谪往贵州龙场驿做驿丞。龙场驿建于明洪武年间，地处“贵州西北万山丛棘中，蛇虺魍魉，虫毒瘴疠，与居夷人舌难语，可通语者，皆中土亡命”。阳明在龙场的生活十分艰苦。初到无处居住，只能范土架木，搭建草棚。因为水土不服，随从皆病，为解除随从忧患，阳明斫薪取水，煮粥侍候，又写诗歌，调越曲，杂以谈笑，以欢愉其心。后来在附近龙冈山上觅得一洞，遂迁居洞中，名曰“阳明洞”。粮食不继，就学农圃，刈草垦荒，种粮种菜，斫薪采蕨，抱瓮汲水，过着自食其力的生活。

在这种极端恶劣的情况下，阳明不能不给自己提出这样的问题：“圣人处此，更有何道？”一切得失荣辱，自然不足为怀，惟生死之念，尚不能排遣。于是，他住在状似石墎的石窍里，自誓曰：“吾今惟俟死而已，他复何计？”日夜端居静坐，澄心精虑。一天夜里，他忽然大彻大悟格物之旨，仿佛睡梦中有人告诉他，不觉雀跃而起，若痴若狂，随从都被惊醒。原来，他体悟到所谓的圣人之道，就内在于我们自身，以前向外在的事物求理是错误的。自此他真正与程朱理学分道扬镳，开始建立极富特色的心学。他又以所记的“五经”之言加以印证，感到无不吻合。这次悟道为此后心学的建立奠定了理论基础。

三年后，阳明升任江西庐陵知县。这之后，他编订了《朱子晚年定论》，这是为了调和他的心学思想和朱熹的理学思想之间的冲突。

正德十一年（1516），阳明任都察院左佥都御史，抚镇南赣汀漳等地，成功地镇压了当地的匪寇。正德十四年（1519），在受命前往福建的途中，得到宁王朱宸濠叛乱的消息，阳明立即返舟回吉安，调兵遣将，以少胜多，平息朱宸濠的叛乱，表现了超凡的军事才能。

经擒获朱宸濠和“张许之变”种种重大磨难以后，阳明的哲学思想也跃进到一个新阶段，提出了致良知学说。他相信“良知真足以忘患难，出生死”[①]，即只有良知才能在人的

①《年谱二》，载《王阳明全集》卷三四。

生死存亡之际支撑人的价值、信念。阳明自此直至逝世，专以致良知为教，并认为唯有致良知最为圆融，没有弊病。致良知的提出，标志着阳明哲学思想的成熟，也标志着其教育思想的新发展。

嘉靖三年（1524）八月，阳明宴门人于天泉桥，时值中秋，月白如昼，参与的门人有百余人，酒半酣，歌声渐动，久之，有的投壶，有的击鼓，有的泛舟，各尽其兴。阳明赋《月夜》二首，其二云：

> 处处中秋此月明，不知何处亦群英？须怜绝学经千载，莫负男儿过一生！影响尚疑朱仲晦，支离羞作郑康成。铿然舍瑟春风里，点也虽狂得我情。①

阳明是异常欣赏曾点的狂者胸次的，他也是以“吾与点也”的孔子自期的。这一时期，他还提出了著名的“四句教”：“无善无恶是心之体，有善有恶是意之动，知善知恶是良知，为善去恶是格物。”②四句教是阳明对自己思想的总结，标志着心学最终走向成熟。

嘉靖七年（1528）十月，他奉命平息桂乱。结果恩威并施，大获全胜。但是阳明在军中病情加剧。他上疏请求还乡养病，未获许。他自知病情已危，不得已未等朝廷令下，就由南宁起程回越。十一月二十五日，阳明逾梅岭至南安，

① 《王阳明全集》卷二〇。
② 《传习录》下。

此时他的病势已很严重。登舟时，任南安推官的门人周积来见。二十九日舟过青龙铺，又召周积入，许久，开目对周积说："我要去了。"周积哭着问遗言，阳明微笑说："此心光明，亦复何言！"[①]须臾，瞑目而逝。时嘉靖七年（1528）十一月二十九日，年五十七岁。

最能反映王阳明思想的作品，有《传习录》和《大学问》等。《传习录》是王阳明门人所辑之语录和书信等，大致涵盖了王阳明思想的各个阶段。《大学问》是王阳明晚年所作，"是王门的'教典'，代表了阳明几经变化而形成的成熟看法；又经历了多年授学实践的改进，具有经典的意义和权威"[②]。

2. 王守仁的思想

王阳明的心学思想主要有"心即理"说、知行合一说以及致良知说。"龙场悟道"后，王阳明的思想大本已定，终身不曾更改，而以上三个部分则是其思想在不同时期的表现。

在宋明理学中，陆九渊、王阳明并称，是因为他们都持"心即理"的观点和立场，并以这一观点作为他们学说的基础。王阳明说：

> 都只在此心，心即理也。此心无私欲之蔽，即是天理，不须外面添一分。以此纯乎天理之心，发

① 《年谱三》，载《王阳明全集》卷三五。

② 陈来：《有无之境：王阳明哲学的精神》，北京大学出版社2013年版，第139页。

之事父便是孝，发之事君便是忠，发之交友治民便是信与仁。①

王阳明认为，心即理，无须求理于外。仁孝忠信之理乃“心之条理”，皆“发于吾之一心”，是“吾之一心”在发用流行过程中所呈现出的自然的条理亦即道德准则与秩序，故此仁孝忠信之理乃本于“吾之一心”，而非存在于外在于我的父、母、君、友、民身上。

王阳明进一步提出“无心外之物”的说法。他所谓的“物”是与“心即理”之“心”相关联着的“物”，“物”之“理”也是随此“心”之所发而赋予“物”的，故他所谓的“物”即意义结构、实践行为中的“事”，而“物”之“理”实际上也只是指“善”之“理”，亦即道德原理与道德法则，而非指客观知识性的理。《传习录》记载：

先生游南镇，一友指岩中花树问曰：“天下无心外之物，如此花树在深山中自开自落，于我心亦何相关？”先生曰：“你未看此花时，此花与汝心同归于寂。你来看此花时，则此花颜色一时明白起来，便知此花不在你的心外。”

“寂”并不是不存在，而是指不在场的状态。这说明王阳明既承认“花”（亦即外界事物）独立于“吾心”而存在，也肯

① 《传习录》上。

定“花”（亦即外界事物）的客观实在性。在这一前提和基础上，王阳明才在后半句答语中转换了提问者的问题。一如上述，王阳明所谓的“物”不是指物质结构而是指与“吾心”相关联着的“事”，否则，所指涉的“物”既无价值又无意义，正是在这一意义上他才宣称“无心外之物”的。“花”当然也不例外，“此花颜色”之所以“一时明白起来”，即有了意义与价值，是因为“你来看”，而“你来看”是受“你心”支配的，故“花”的价值和意义与“你心”不可分，实际上即“你心”之灵明所赋予。

在“龙场悟道”的第二年，王阳明开始倡导知行合一。他认为：“未有知而不行者。知而不行，只是未知。”①“见好色属知，好好色属行。只见那好色时已自好了，不是见了后又立个心去好。闻恶臭属知，恶恶臭属行。只闻那恶臭时已自恶了，不是闻了后别立个心去恶。”②知则必能行，作为“知行本体”的良知良能本身就具有实现自身所确立的道德法则的力量。当见孺子入井，人当下即起恻隐之心，当下即去援手相救，此乃人所本具的作为“知行本体”的良知良能的自然显露和发用，就如同见好色时自能好、闻恶臭时自能恶一般，故又称之为人之“良知良能”，因此我们又可以说“知是行之始，行是知之成。若会得时，只说一个知，已自有行在；只说一个行，已自有知在”③。王阳明完全是从道德出发来讨论知行的，所以在他看来，知必须表现为行，能知必能行，在道德实

① 《传习录》上。

② 同上。

③ 同上。

践中知的工夫和行的工夫相即不离，是合一的。

王阳明在去世前曾说："吾平生讲学，只是'致良知'三字。"[①]可见，致良知说是王阳明一生思想的总结。致良知说大致是在平定宁王朱宸濠叛乱之后提出的。"致良知"这一理论形式把心与理、知与行、道德修养与社会实践融合为一，充分体现了王阳明哲学的圆融性、创造性。

"良知"的观念来源于孟子，王阳明继承了孟子的观点，认为良知是不依赖于环境、教育而先天具有的道德意识和道德情感。他又进一步丰富了良知的意蕴，认为良知就是至善本体在是非知觉上的当即呈现与当下判断，或者说是由对是非知觉当下判断所体现的至善本体。良知在王阳明那里具有了贯通体用的根本性质。在王阳明看来，良知就是"天地之心"（宇宙之心）亦即天地万物的本原，他说："人的良知，就是草木瓦石的良知。若草木瓦石无人的良知，不可以为草木瓦石矣。岂惟草木瓦石为然，天地无人的良知，亦不可为天地矣。盖天地万物与人原是一体，其发窍之最精处，是人心一点灵明。"[②]天地万物和人原本一体，一气相通，但由于禀气偏正、通塞的不同，只有人的良知即"人心一点灵明"才是天地万物意义发窍的"最精处"。他又进而指出："良知是造化的精灵。这些精灵，生天生地，成鬼成帝，皆以此出，真是与物无对。"[③]良知是价值意义的创造性本源，具有绝对性和普遍性。正是因为他对作为宇宙人生价值意义最终根源的良知

① 《寄正宪男手墨二卷》，载《王阳明全集》卷二十六。

② 《传习录》下。

③ 同上。

有着深刻体证和高度自信，所以感叹道："人若复得他完完全全，无少亏欠，自不觉手舞足蹈，不知天地间更有何乐可代。"[①]并认定"'致良知'是学问大头脑，是圣人教人第一义"[②]。

王阳明晚年提出："致吾心之良知者，致知也。"[③]以"致良知"来解释《大学》的"致知"。他进一步将"致"解释为"至"，"致良知"就是使良知致其极，"充拓"至其极，即是扩充良知本体至其全体呈露、充塞流行，"无有亏缺障蔽"。从这里可以看出他和朱熹的区别。"致良知"说既简易直接又内涵丰富，将王阳明的整体哲学思想完满地表述出来了，标志着王阳明哲学建构的最终完成。

（三）明清之际的儒学

明清易代，天翻地覆，明亡的残酷现实给当时读书人以极大震撼，思想界从总结明亡教训开始，逐步广泛而深入地对两千年专制帝王政治和整个儒学传统都进行了全面反思，其杰出代表有黄宗羲、顾炎武和王夫之等人。

1. 顾炎武

顾炎武（1613—1682），原名绛，字忠清，江苏昆山人。明亡后，慕南宋爱国志士文天祥门生王炎午的忠贞品格，

① 《传习录》下。

② 《答欧阳崇一》，载《传习录》中。

③ 《答顾东桥书》，载《传习录》中。

更名炎武，字宁人。因其家乡有亭林湖，故学者称“亭林先生”。顾炎武的家族世代业儒，祖父以上三代都是进士，其高祖、曾祖为明朝重臣，从父辈起家道中落。他小时候被过继给堂叔为子，其叔早逝，嗣母王氏十六岁未婚守节，抚育他成人。他自幼性情耿介绝俗，十四岁中秀才，旋即与同里挚友归庄共入复社，时人称“归奇顾怪”。从十七岁到二十七岁，角逐科场，累试不第，遂绝意科举，退而读书，撰《天下郡国利病书》和《肇域志》。

明亡，其嗣母绝食殉国，临死告诫顾炎武不可为异国臣子，顾炎武遂投笔从戎，参加了昆山、嘉定一带的抗清斗争，失败后避祸于江南。顺治十四年（1657）顾炎武离家北游，开始了他此后二十多年转徙不定的游居生活，先后往返于河北、山东、河南、山西、陕西等地，结识学者和抗清志士，以图复国。康熙十七年（1678），清廷征召博学鸿儒，京师学人争相举荐，顾炎武坚辞不出，表现出崇高的爱国精神和坚贞的民族气节。

晚年的顾炎武，老而弥坚，自强不息，常常以“苍龙日暮还行雨，老树春深更著花”来鞭策自己，认为“有一日未死之身，则有一日未闻之道”①。他以惊人的毅力，行万里路，读万卷书，在学术研究上取得了巨大成就。七十岁时，顾炎武卒于山西曲沃。

顾炎武著述宏富，主要著作有《音学五书》《亭林文集》《亭林诗集》等。最有代表性的著作有《日知录》三十二卷、

① 《朝闻道夕死可矣》，载《日知录》卷七。

《音学五书》三十八卷、《天下郡国利病书》一百二十卷。这些著作，都突出了“经世致用”的求实精神。

顾炎武的一生，经历了明王朝的覆亡和清王朝的兴起。这是一个社会危机重重、剧烈动荡的时期，是“天崩地坼之日”①。面对“神州荡覆，宗社丘墟”②，顾炎武对国家与民族、君主与天下、皇帝与臣民的关系进行了深刻的反思。他指出：

> 有亡国，有亡天下。亡国与亡天下奚辨？曰，易姓改号，谓之亡国；仁义充塞而至于率兽食人，人将相食，谓之亡天下……是故知保天下，然后知保其国。保国者，其君其臣，肉食者谋之；保天下者，匹夫之贱，与有责焉耳矣。③

这里，顾炎武把“亡国”与“亡天下”、“保国”与“保天下”严格区别开来。在他看来，一姓之兴亡，朝代之更替，可称为亡国，但不可称为亡天下；亡天下是指天下纷崩，道德沦丧，政治腐败，统治者鱼肉人民，人与人之间相互残杀，乃文化神州之亡。清政府取代明王朝，对明王朝来说，非止亡国而且亡天下了。顾炎武认为，“保国”即保一家一姓的王朝，这是皇帝和达官贵人的事情；而“保天下”，则是捍卫天下人的利益与安全，保卫民族文化传统的问题，这是普通百姓、匹夫匹妇都有责任

① 《亭林文集·余集》。
② 《夫子之言性与天道》，载《日知录》卷七。
③ 《正始》，载《日知录》卷一三。

的事情。后来梁启超把顾炎武的这段话概括为“天下兴亡，匹夫有责”，准确地揭示了顾炎武之论的精神实质。

顾炎武和黄宗羲、王夫之一样，对封建专制制度进行了猛烈的抨击。他分析认为，天下一切权力都收在君主那里，“皆人主自为之”，实行君主独裁统治。但由于万机之广，政务繁多，不是一个人所能操持的。这样，专制君主便不得不乞灵于专制之法，而且法必然越来越多。天子也就会重用酷吏而放弃贤智之士，最终风俗日坏，奸人得志，国事不振。解决问题的出路在于由“独治”转而“众治”，即由百官分治取代君主独裁。他说：“天子之所恃以平治天下者，百官也。”“一命之官，莫不分天子之权，以各治其事，而天子之权乃益尊。”①他又把这种“众治”思想表述为“以天下之权，寄天下之人”②，即把治天下的大权分散到各级官吏手中，让更多的士大夫参与国政，分掌政权，以克服君主专制的种种弊端。

与上述思想相联系，顾炎武还提出了君臣、君民平等的观点。他说：“为民而立君，故班爵之意，天子与公侯伯子男一也，而非绝世之贵。代耕而赋之禄，故班禄之意，君、卿、大夫、士与庶人在官一也，而非无事之食。”③这说明君主并不是至高无上、绝对尊贵的。天子和其他官员一样，只不过高一级罢了。然而自三代以来，君主们自认为尊贵无比，把天下国家视为自己一家一姓的私产，横征暴敛，役使

① 《守令》，载《日知录》卷九。

② 同上。

③ 《周室班爵禄》，载《日知录》卷七。

百姓，君臣、君民关系完全被扭曲了。顾炎武在这里抨击了纲常教义中最核心的东西。

在顾炎武看来，国家的混乱、政治的腐败、人世的纷争，归根结底在于人心之不正，风俗之浇薄，要救国救民就必须端正人心，淳化风俗。而要做到这一点，他认为应从“教化”入手。在教化纲纪中，礼义廉耻是最为重要的。他提出要为万世开太平，则必须“士贵有耻”，做到“行己有耻”。把廉耻与国家的治乱兴废直接联系起来，是顾炎武对孔子“行己有耻”说、孟子“人不可以无耻，无耻之耻无耻”论的一个发展，是其“经世致用”之实学思想的具体体现。

在学理上，顾炎武崇尚“修己治人之实学”，厌恶“明心见性之空言”，对宋明理学尤其是阳明心学进行了尖锐批判。他将明亡的原因归于明末士大夫空谈心性而不务实学。在批判宋明理学的基础上，从维护正统儒学的立场出发，顾炎武提出了“理学，经学也”的著名论断。在他看来，古人也讲义理，但都是以经为本，不通经则无以成义理。而要研究经学，需要几十年的长期努力，不是一朝一夕所能通晓的。但时人说的“理学”，却抛开了儒家经典而潜心于后儒的“语录之书”，玄想空谈，妄想一旦顿悟。这种理学已不是本来意义上的理学，而是十足的禅学。在他看来，经学更加根本，而研究经学，不是为经学而经学，目的在于“通经致用”。所以他说：“凡文不关于六经之旨、当世之务者，一切不为。”[①]这既是他的治学原则，也是人生追求。正是基于

① 《与人书四》，载《亭林文集》卷四。

此，顾炎武习六艺之文，钻研经音经义，辨五经之同异，明六经之旨，考经学之源流，综当代之务，为“明学术，正人心，拨乱世，以兴太平事”而贡献了自己的全部力量。

总之，顾炎武是一位讲求实际、力倡经世致用的大儒，无论是他对程朱理学的批评，还是对陆王心学的批判，都贯穿着一种求实精神。他反对空谈道德性命，要求返回原典，解决国计民生的实际问题。他还被许多清代学者尊为有清一代朴学之开山。

2. 黄宗羲

黄宗羲（1610—1695），字太冲，号南雷，又号梨洲，浙江余姚人。黄宗羲生逢明末清初“天崩地解”的时代，他的命运也随着时代的剧烈变化而跌宕起伏。他自述其一生有三变：“初锢之为党人，继指之为游侠，终厕之于儒林，其为人也，盖三变而至今。”①

所谓“初锢之为党人”，是指黄宗羲早年作为东林党的子弟及复社成员，同党人一起与朝廷中的腐朽官僚集团作斗争的人生经历。黄宗羲的父亲黄尊素，为明末东林名士，官至监察御史，因弹劾权阉魏忠贤而被迫害致死。崇祯即位后，阉党失势。黄宗羲“袖长锥，草疏，入都讼冤”，在刑部大堂锥刺阉党余孽，为父报仇，名动海内，时年十九岁。由此他成了东林子弟中的领袖人物。南明弘光政权建立后，奸相马士英专国政，起用阉党余孽阮大铖，对东林、复社进

① （清）黄炳垕：《自题画像》，载《黄梨洲先生年谱》卷首。

行了残酷镇压。黄宗羲在友人帮助下侥幸脱险，随后又投入了轰轰烈烈的抗清斗争中。

所谓“继指之为游侠”，是指黄宗羲投身于抗清活动的人生经历。弘光政权灭亡后，黄宗羲与其弟宗炎、宗会在余姚组织抗清武装“世忠营”，追随鲁王政权，与清军展开了英勇顽强的斗争。黄宗羲从事抗清武装斗争八年之久，直到顺治十年（1653）鲁王去监国名号，眼看复国无望，他才奉老母返乡。

“终厕之于儒林”，是指他后期从事讲学和著述的生活经历。返乡后的黄宗羲，在清朝统治业已巩固的情况下，怀着深切的亡国之痛，开始了他后半生的讲学和著述生涯。黄宗羲早年曾遵父遗命，拜理学宗师刘宗周为师，博览群书，潜心心学。在经历了“天移地转”的社会变动和“僵饿深山”的人生磨难之后，黄宗羲便专注于讲学和著述。他重开刘宗周兴办的证人书院，“再启讲会，理师门之绝绪，欣四方之耳目，一时环听如云集”①。

在“经世致用”的治学思想指导下，他转徙于绍兴、宁波、石门、海宁等地，授徒讲学，“大江南北，从者骈集”②，培养了陈夔献、万斯大、万斯同等一大批著名学者。清廷多次征荐，他都推辞不往。晚年朝廷邀请他参与编纂《明史》，乃命弟子万斯同前往，斯同不受官职，以布衣修国史。

黄宗羲在讲学的同时，深刻反思国家的兴亡和历史的变

---

① 《南雷学案·姜定庵先生》。

② （清）全祖望：《梨洲先生神道碑文》。

革，潜心学术研究，对天文、历算、地理、史学、乐律、经学以及佛老之书无不研究，“毕力于著述”，写下了大量著作，主要有《明儒学案》《宋元学案》（由其子黄百家与全祖望等人续成）、《明夷待访录》《孟子师说》《南雷文案》《南雷文定》《南雷文约》等，后人将其著作辑为《黄梨洲文集》。其儒学史巨著《明儒学案》，开儒学史断代研究的先河，为我们了解和研究明代儒学及黄宗羲的儒学思想提供了极为宝贵的思想资料。

黄宗羲是明亡的亲身经历者。作为士族子弟，他在一系列抗清活动失败后，从总结明亡教训的角度写成《明夷待访录》一书。他对专制政体作出了初步的反思，对专制独裁进行了激烈的批判；同时，从民族兴衰存亡的角度，他对未来社会所应具有的政治体制也作出了有益的思考。在中国历史上，这是第一部系统分析政治体制的名著，其中对专制主义的批判与对民主政治的设计，至今仍不失其意义。

首先，他从人的本性与国家起源的角度分析了君主的产生。他说：

> 有生之初，人各自私也，人各自利也。天下有公利而莫或兴之，有公害而莫或除之。有人者出，不以一己之利为利，而使天下受其利；不以一己之害为害，而使天下释其害；此其人之勤劳必千万于天下之人。①

① 《明夷待访录·原君》。

这就从传统德制的角度说明了国家的形成与君主的产生，同时也就决定了君主与天下的关系。所以他又说："古者以天下为主，君为客，凡君之所毕世而经营者，为天下也。"[①]显然，君主是适应天下人之需要而产生的，也应当以服务于天下人为自己的最高使命。

不过，现实的君民关系却是"今也天下之人怨恶其君，视之如寇仇，名之为独夫……"[②]在他看来，这是因为"今也以君为主，天下为客，凡天下之无地而得安宁者，为君也"[③]。不仅如此，后世的君主，往往"视天下为莫大之产业，传之子孙，受享无穷。"[④]这就是说，现实的君臣关系如此恶劣，是因为君对天下人的压迫剥削，他们颠倒了正常的君民主客关系。黄宗羲还进一步将君主的家天下视为整个社会动乱、天下不治的总根源。他对专制主义的批判，就集中在此。

在黄宗羲看来，既然天下与君主是主客关系，那么，君臣之间也应当是平等的关系。他说："夫治天下犹曳大木然，前者唱'邪'，后者唱'许'。君与臣，共曳木之人也。"[⑤]这就是说，君臣之间虽有领导和被领导的关系，但不是主仆关系，更重要的则是同事之相互配合的关系。他们都必须服从于治理天下、服务天下这一大事。因为"天下之治乱，不在一姓之兴亡，而在万民之忧乐"[⑥]。在这一基础上，一个人出仕做官，

① 《明夷待访录·原君》。
② 同上。
③ 同上。
④ 同上。
⑤ 《明夷待访录·原臣》。
⑥ 同上。

也必须首先以治天下为事。这就不仅对君主提出了新的要求，对臣僚也提出了新的要求。而从天下之忧乐出发规定君臣义务，正是黄宗羲批判专制主义的基本出发点。

为了杜绝君主藏天下于“筐箧”的现象，黄宗羲提出“有治法而后有治人”的思想，认为好的制度、法律远远大于个人的作用。因为好的制度可以制约君主，使其不得为所欲为，即使“其人非也。亦不至深刻罗网，反害天下”①。这种思想，强调制度与治人并重，批判地超越了“有治人无治法”的传统，是我国政治思想史上一大进步。

从重视制度出发，黄宗羲着重探索了如何限制君权的问题。在他看来，要限制君主的胡作非为，就必须剥夺其无条件的是非权，而将其交还于集中公议的学校。他说：

> 必使治天下之具皆出于学校，……天子之所是未必是；天子之所非未必非。天子亦遂不敢自为非是，而公其非是于学校。②

各级学校均是各级公议的集中地，而各级学校也有权“纠绳”各级官吏；太学则设祭酒，祭酒由大儒担任，“其重与宰相等”。每月初一，皇帝亲率宰相和百官到太学听祭酒讲课，祭酒可直接批评朝政得失。在黄宗羲看来，这样就可以免除君主与各级官吏的专断非为了。

① 《明夷待访录·原法》。
② 《明夷待访录·学校》。

此外，黄宗羲还对科举制提出了批评。他提出要拓宽取士途径，尽可能吸取有用之才；同时，还要增加荐举的比重，像天文、历算、水利、火器以及工商业方面的专门人才，往往要从实际工作中选拔出来。

最后，黄宗羲的理想设计必然指向社会，对社会各个阶层的权益、效能作出新的规定。首先，他针对明末土地剧烈兼并的现实，提出恢复井田制，以缓解当时的现状。其次，针对明中叶以来工商阶层崛起的事实，黄宗羲一反汉代以来重农抑商的基本国策，明确主张“工商皆本”。

总之，在对社会历史的反思中，黄宗羲一方面大胆地批判了封建专制制度，揭露了其种种弊端，同时又立足于现实，立足于国计民生，对理想的社会作出了大胆的构想。所有这些都是明清巨变对儒学的促进，也是儒家学者积极面对现实，面对社会历史深入反思的结果。①

黄宗羲首先是史学家，尤其是学术史家。由他亲手编订的《明儒学案》与在他主持下编著的《宋元学案》，是宋明理学史上不朽的文献，直到今天，仍然是我们研究宋明理学最重要的资料。这两部学案，大体体现了黄宗羲的学术史观。概括地说，这就是“一本而万殊”。所谓“一本”，指儒家客观而本然的精神。至于“万殊”，是指各位先生的“功力所至”或得以“成家”之处。之所以重视“万殊”，正是为了发明“一本”，而所谓一本也必然因人而表现为万殊，显然，一本与万殊的相互规定与相互渗透，正表现了学术的客观走向与主

① 参见冯达文、郭齐勇《新编中国哲学史》（下），第197页。

观努力之间的有机统一的关系。

在这一前提下，黄宗羲的学术史观主要表现在如下方面：

首先，尊重史实，勾勒特征。黄宗羲整理学案的最大特点是尊重事实，强调从思想家的实际出发，反对师心自用。

其次，推崇创新，辨析源流。黄宗羲说："大凡学有宗旨，是其人之得力处，亦是学者之入门处。"[①]他非常推崇创见，认为这正是"学问"之为学问的标志。学术创见与学术个性，正是黄宗羲筛选与把握思想家的关节点，也是其一本万殊学术史观的落脚点。[②]

3. 王夫之

王夫之（1619—1692），字而农，号姜斋，湖南衡阳人。他晚年隐居于金兰乡的石船山（今湖南省衡阳县曲兰镇），自称"船山遗老"，故后人称其为"船山先生"。王夫之自幼学习勤奋，七岁即读完十三经。十四岁时从父亲习五经经义，并考中秀才。二十岁就读于岳麓书院，与友朋结"行社"，后又与友人组织"匡社"，评议朝政，立志改革，以求"匡扶社稷"。其间曾三次参加乡试，均未考中。直到崇祯十五年（1642），二十四岁的王夫之才中举。因李自成、张献忠领导的暴动声势浩大，明王朝统治岌岌可危，礼部会试延期举行，只得中途返乡。翌年，张献忠匪军攻陷衡阳，慕名邀其参加伪政权，被他严词拒绝。他先逃入深山，后又"残毁支

① 《明儒学案·发凡》。

② 参见冯达文、郭齐勇《新编中国哲学史》（下），第201—204页。

体”，宁死不从。崇祯十七年（1644）三月，李自成攻入北京；五月，北京又被清军占领。王夫之闻讯，悲愤不已。

明亡后，清军直下江南，王夫之放弃科举求仕的人生追求，转而投身于抗清斗争，与管嗣裘等“举义兵于衡山，战败兵溃”[①]。同年，投奔南明永历政权，任行人司行人介子之职。后因不满南明腐败，愤然离去，投奔抗清将领瞿式耜，协助瞿谋划抗清活动，不久因母病重返乡探望。为躲避清政府的侦缉和反抗“剃发令”，不得不隐姓埋名，变易衣着，扮作瑶人，寄居瑶峒，颠沛流离于零陵、常宁的荒山野岭之间，过了三年的流亡生活。流亡中，他一面授徒讲学，向青年学子讲授《周易》《春秋》，灌输反清思想；一面从事学术研究，写出了《周易外传》《老子衍》《黄书》等著作，开始由反清斗争转入对传统文化的反思。

顺治十四年（1657），在清政府民族高压政策稍稍缓和的情况下，王夫之结束了流亡生活，回到家乡衡阳莲花峰下“续梦庵”居住，以后又移居“败叶庐”“观生居”“湘西草堂”，从此开始了长期的隐居著述生活。其子王敔记述：

> 自潜修以来，启瓮牖，秉孤灯，读十三经、二十一史，及张、朱遗书，玩索研究，虽饥寒交迫，生死当前而不变。迄于暮年，体羸多病，腕不胜砚，指不胜笔，犹时置楮墨于卧榻之旁，力疾而纂注。[②]

① 王之春：《王船山公年谱》。

② （清）王敔：《姜斋公行述》。

王夫之在五十一岁时自题堂联：“六经责我开生面，七尺从天乞活埋”；七十岁时又写道：“故国余魂长缥缈，残灯绝笔尚峥嵘”；七十一岁时自题墓石：“抱刘越石之孤愤而命无从致，希张横渠之正学而力不能企”。这些都反映了他一生的政治抱负、学风和志趣。

王夫之博学多才，一生著述宏富，已知著录有一百多种，四百余卷，约八百万字。这些著作遍及中国传统的经、史、子、集，属经部的主要有《周易内传》《周易稗疏》《书经稗疏》《尚书引义》《诗经稗疏》《诗广传》《礼记章句》《春秋稗疏》《四书训义》《四书稗疏》《四书考异》《读四书大全说》等。史部的著作有《读通鉴论》《宋论》等。子部著作有《张子正蒙注》《思问录内篇》《思问录外篇》《俟解》《噩梦》《黄书》《老子衍》《庄子解》《庄子通》等。集部的著作有《楚辞通释》《姜斋文集》等。按现代的学科分类，这些著作涉及哲学、政治、伦理、历史、文学、语言、宗教、天文、教育等诸多领域，且王夫之在这些领域均有杰出的成就和贡献。

王夫之继承了张载的气论，进一步肯定世间只是一“气”而已。“气”是王夫之哲学最重要的范畴。王夫之把“太虚”“太极”“太和”“诚”等范畴都讲成“气”，或视为与“气”等值的概念、范畴。

王夫之的宇宙观是“太虚即气”“太虚一实”的气化宇宙观。气在宇宙中无量无涯，无边无际，并且气有往来、屈伸、聚散、隐显，但没有创生和消灭。

王夫之运用《中庸》中的“诚者物之终始，不诚无物”和“诚者天之道也”的说法，对“气”范畴作了更高的理论抽象。“诚”就是真实无妄，就是“实有”，以“实有”与“诚”说“气”，则“气”在本质上乃是客观的、至上的。他说：“诚也者，实也。实有之，固有之也。无有弗然，而非他有耀也。”[①]王夫之力图超出具体实物的观念，借用“诚”这种绝对的观念来说“气”是最高、最后的本原、本体。这是一种气本论的观点。

在理气关系的问题上，王夫之认为“理在气中，气无非理；气在空中，空无非气，通一而无二者也”[②]。理具有今天我们所说的理想性、合理性与规律性。因此，理以气为根据，理就在气之中，不在气之外。不仅理是气之理，同时，气是理之气，遵循理可以成就气。在这个意义上，理与气互为其体。

用今天的哲学术语来说，如果说“气”是指物质—能量、生命力之“一般”的话，那么，“道”是指气之大化流行、生生不已的道路、过程或律则，“器”则是指气在流行中的凝结，即事物或现象之“个别”。在“道”与“器”的关系问题上，王夫之坚持了“天下惟器”“道在器中”的观点。王夫之的思想模式是“两端而归于一致”。他说：

> 天下惟器而已矣。道者器之道，器者不可谓道之器也。无其道则无其器，人类能言之。虽然，苟

① 《尚书引义》卷四。

② 《张子正蒙注·太和》。

有其器矣，岂患无道哉！……人或昧于其道者，其器不成；不成，非无器也。无其器则无其道，人鲜能言之，而固其诚然者也。①

这是说，天下间只有作为个别事物的“器”。在逻辑上事物存在是先于其“道”的，道是事物的法则规律，但事物不可以说是法则规律的事物。

因此，我们总结他的道器观的要点是：第一，就存在论而言，“天下惟器”即肯定宇宙自然、社会历史、生活世界的客观性、真实性，肯定具体的、历史的、特殊的存在，肯定个体性及其价值。第二，就哲学之普遍性与特殊性、个别性的关系而言，“道者器之道”即肯定道与器是统一的，这种统一是以器为核心的统一。这与理学、心学的侧重面迥然有别。第三，就真理观、知识论与道德论而言，强调“尽器”“据德”“治器”的工夫，即肯定真理总是具体的、历史的，充分认真地研究个案，认识个别、特殊、具体，是认识普遍并按内在法则创立、改造、治理事业的基础，具体的道德实践比道德理论更为重要。第四，就社会历史观与文化观而言，不拘守于过去，而是以开放、发展的眼光，强调今胜于古，肯定来自民间的具体改革与创造，注重建构社会文化、外王事功。

王夫之继承《易传》的传统，视宇宙为生命精神生生不息、洋溢流动的宇宙，在《易传》“天地之大德曰生”“生生

① 《周易外传》卷五。

之谓易”的思想影响下，高扬儒家重“生”的理念，即今日所谓创造发展的观念。他说：“天地之间，流行不息，皆其生焉者也”。气与形“和以均之，主以持之，一阴一阳之道善其生而成其性，而生乃伸”[①]。我国古代的气论是连续的存在论，是机体主义的、大化流行的生命自然观。王夫之将此发展到极致，把人存在的环境乃至整个宇宙，都看成生命盎然的世界。

王夫之说：“天地以生为德。”[②]他以生机主义的自然观为背景，强调天地生人与物。“天地之大德者生也，珍其德之生者人也。”[③]人继承天地精神治理万物、利用万物，必尽性而利天下之生。这是他对生命意识的肯定。在此基础上，他提倡趋时更新，弘扬《易传》“日新之谓盛德”的思想。认为气的聚散造成事物的不断生灭变化，这就是“推故致新”。正是这种“推故致新”，才使整个宇宙充满生机。

在传统的性情论上，王夫之也有独特而精彩的见解。他继承《中庸》的“天命之谓性”与《易传》的“继善成性”，发展出自己独特的人性“日生日成”论。王夫之肯定人具有主动、灵活的“权变”的特质和能力。在他看来，人之所以为人的天性，人不断接受天命流行之气的察赋，人后天的学习、训练、修养，使得人的本性、能力不断增强，能作出取精用宏的抉择。人性的动态的生成长养有两个方面：第一，天所降命、人通过日新之气不断接受天之所赋的“自生而

① 《周易外传》卷六。
② 《周易外传》卷三。
③ 《周易外传》卷六。

生”的自然过程；第二，人的积极用世、谨慎敬业、“择善而固执之”的自觉修身养性的过程。这两个过程的统合，使人性日益完善、完美。人性的形成与主体的价值选择有着密切的联系，由此显现了个体的能动性。这是王夫之对传统哲学人性论的一大贡献。在理欲关系上，他强调“天理寓于人欲”，“私欲之中，天理所寓”①。王夫之肯定“饮食男女”等私欲的合理性与正当性，让每一个个体人的基本欲求（私欲）得以满足，即是公欲，即是天理。一个符合天理的合理化的社会，正是肯定、满足、调节每个社会成员的基本物质欲求的社会。

王夫之的思想体系是17世纪中国特殊历史条件下的产物，它以深刻而完备的理论思维，反映了明清之际的时代精神。他以振兴民族精神为思想动力，在异常艰苦的条件下，综合自然史和人类史的研究成果，在文化领域的诸方面都做出了重大贡献。②

三、清代儒学

（一）清代理学

明末清初，理学走向衰落，但它仍有一定的地位。其原因，一是在于一些秉承王学的学者力图从内部对王学进行修

① 《四书训义》卷二十六。

② 参见冯达文、郭齐勇《新编中国哲学史》（下），第237页。

正；二是一些人尊经笃古，强调躬行，以程朱派自托，出现了回归宋学的趋向，这都对清初求实学风的形成起了重要的作用。清王朝入关后积极提倡程朱理学，一批身居显宦的理学家被授予“理学名臣”的称号，树为臣民的楷模。整个清朝一代，理学始终是官方认可的“正学”，科举考试必以朱注为准。统治者提倡程朱理学，其用心自然是为了维护自身统治秩序。这也是鉴于明末王学末流的声名狼藉，转而倡导弊端稍轻的程朱理学，这与明末清初整个学术界的大趋势亦不无吻合之处。

清初官方虽以程朱为“正学”，但在学界还是存在陆王、程朱之分。

陆王学派在明清之际发生了不小变化，出现了几位有名的学者，即孙奇逢、李颙、李绂等，其中被称为“明末三大儒”之一的孙奇逢最为著名。

1. 孙奇逢

孙奇逢（1584—1675），字启泰，号钟元，直隶容城（今河北容城）人，世称“夏峰先生”。孙奇逢青年时，宦官魏忠贤当道，左光斗、魏大中、周顺昌先后遭魏忠贤陷害，被捕入狱。他不畏权贵，极力营救。左光斗、魏大中、周顺昌三君子死于狱中，他又一手操办丧事，分别奉棺椁归故里，因此义声满天下。

崇祯九年（1636），清兵入关劫掠，四处烧杀，“直隶诸城皆陷”。孙奇逢率领学生，团结官民，共守容城。清兵几次猛攻不下，使容城得以保全。明亡后，他带领弟子入易州五公山避难，从容讲学，躬耕陇亩以自给，学业、德行为时人交口称颂。当时，清廷正欲笼络汉族知识分子，孙奇逢多次为清廷官吏所推荐，他都坚辞不就。不久，清廷下圈地令，他的田园庐墓被侵夺，被迫南徙河南辉县苏门山。苏门曾为宋时邵雍所居，孙奇逢留居那里，表示了对先贤的仰慕。工部郎中马光裕把夏峰的田庐送给他，他在那里督率子弟躬耕自给，各地来问学的亦授田使耕，所居成聚。他在夏峰居住了二十五年，屡征不就，终年九十二岁。

孙奇逢的学问，本于陆九渊、王阳明，以体认天理为第一要义，认为“天理”两个字，是自己“体贴”出来的，做学问的工夫全在于“体贴”二字，尧舜是这样，孔子是这样，周公是这样，历代的大贤大儒都是这样，所谓“良知”说，就是王阳明深造自得体贴出来的。他修正王学，强调“阳明良知之说著力在致字”，致良知“不离日用常行内”。他一生严守气节，饱经丧乱，厌恶空虚之论，主张务切实际。他对自己要求很严格，注意切实办实事。史书称他“大本主于穷则励行，出则经世”，“治身务自刻励”。对程朱、陆王，孙奇逢各道其长而不讳其短，立论平实切理，无门户之见。

孙奇逢一生没有越出理学门庭，他人格高尚，学问笃实，尤其是敢于号召“不开眼界，不大心胸，不长取圣贤，未许读书”的气概，更见其一代英才的本色。他的门生弟子遍天下，感召力极大，时人以北学重镇许之，奉为“泰山北斗”。

2. 李颙

李颙（1627—1705），字中孚，陕西盩厔人，世称“二曲先生”。他幼年丧父，家贫，全靠自学，遍读经史诸子及佛、道典籍。成年后，学业大进，一度到江南的无锡、江阴、武进、宜兴各处讲学，很受欢迎。陕西富平、华阴，也是他常常设讲之地。他极重气节，明亡后宁死不为清朝官吏。康熙年间，数次被荐为“山林隐逸”，又被征为“博学鸿儒”，他均极力推辞。地方“大吏亲至其家促之起，舁床至省。颙绝粒六日，至拔刀自刺，大吏骇去”①。晚年他反锁自己的房门，不与外人结交，只有顾炎武来访才破例相见，与之促膝纵谈天下大事。

李颙之学以陆九渊、王阳明为宗，但也不排斥程朱理学。他教人读书，以为“学者当先观象山、慈湖、阳明、白沙之书，阐明心性，直指本初，以洞斯道之大源；然后取二程、朱子及康斋、敬轩、泾野、整庵之书玩索，以尽践履之功”②。他极重视个人自身的道德修养，主张为学以“悔过自新”为宗旨，强调反身求己，强调言言归于实践，反对“上口不上身”的口耳记诵之学。

3. 张履祥

张履祥（1611—1674），字考夫，号念之，浙江桐乡人，居杨园村，世称“杨园先生”。少家贫，无力就读，其

① 《二曲先生年谱》卷三。

② 同上。

母以“孔孟皆无父儿”相勉，授以《论语》《孟子》诸书。三十岁后，受学于名儒刘宗周。当时东南文社各立门户，复社声势很大，士人争相依附，士子皆以复社名声相高，互相标榜。他对此很反感，以为人一旦以名声为荣，就会产生傲气，也会因此虚伪起来，品德卑下。他甘居平淡，不和当时的名士应酬。明亡，他躬耕陇亩，闭门谢客，靠闲暇时教授学生度日。

张履祥论学宗旨以“祖述孔孟、宪章程朱”著称。他对王守仁主张的“致良知”说颇为反感，以为正是由于这种“坐至圣贤”的思想，造成近世学人不愿耐心读书，一心想走“终南捷径”的流弊，结果是“礼教陵夷，邪淫日炽”。他主张通过读书、思索以穷理，以为读书“维持此心，而不使其或怠也”，思索“检点其身，而不使有阅也”[①]。他教门人当务经邦济世之学，自己率先躬行，岁耕田数十亩。他认为，学者以农事为求生手段，则无求于人，而知廉耻；知道躬耕陇亩的艰辛，则不妄取于人，而礼仪兴。

4. 李光地

李光地（1642—1718），字晋卿，号榕村，又号厚庵，福建安溪人。

李光地一生身居高位而提倡程朱理学，对康熙朝定程朱于一尊起了中坚作用。他奉旨主编《性理精义》《朱子全书》，作为士人研讨程朱理学的范本。他著书立说，宣传程朱理学

① 《与何商隐》，载《杨园先生全集》卷五。

的正统地位。他吹捧康熙帝将朱熹之学抬上了大统大圣的地位："自朱子而来至我皇上，又五百岁，应王者之期，躬圣贤之学。……伏维皇上承天之命，任斯道之统；以升于大猷。"①他为学重在由虚返实，有三大纲领：存实心、明实理、行实事。

（二）清代朴学

清初顾炎武深恶理学空谈，倡言以经学代理学，并切实发奋读书著述，作《音学五书》，开一代风气之先。稍晚的阎若璩、毛奇龄、胡渭等人，潜心考据，进一步转深转精。终于在乾嘉年间汇成一股学术大潮，即朴学，或称考据学、汉学。"汉学"经过长期的酝酿，至雍乾之际才形成森严的壁垒，同宋学分庭抗礼。著名汉学家惠栋可以说是这一壁垒的创始者。因惠栋及其师友弟子多为苏南人，故称为吴派。

1. 惠栋

惠栋（1697—1758），字定宇，号松崖。惠栋自幼笃志向学，日夜讲诵。自经史诸子百家杂说，以至佛道之学，无不泛览。五十岁以后专注于经学。对诸经均有研究，尤精于《易》，倾注三十年心血，成《周易述》二十三卷、《易汉学》七卷、《易例》二卷、《明堂大道录》八卷、《禘说》二卷、《周易本义辨证》五卷。

① 《榕村全集·进读书笔录及论说序记杂文序》。

惠氏三世传经，致力汉学，至惠栋则开创一代学风，成为清代汉学的奠基人。总的来说他的学风有以下特点：

第一，尊古崇汉。他认为只有两汉的传注才靠得住，因为经籍的古文字只有经师才懂。惠栋治经的方法，大体上是把汉代经学家的解说搜集起来，加以整理，这对经籍的注疏无疑具有积极意义。问题在于他唯汉是信，泥古不化，对唐宋以降之说则一概否定。

第二，固守旧说，倡言述而不作。在惠栋看来，治经只需保存先圣旨意，不可像理学家那样随己意妄发议论。

第三，提倡从文字音训入手以求经籍意义。惠栋继承了顾炎武以来的传统，提倡治经从古文字入手，重视音韵训诂。不过，训诂考证只能是研究的手段，如果不适当地扩大它的作用，以此来代替和排斥思想内容的研究，那就是舍本逐末，并容易走向烦琐破碎的道路。

惠栋治经，崇尚汉儒经说，唯汉是信，凡汉皆好，以保守汉说为己任。他搜辑整理汉儒《易》说不遗余力，对于恢复、保存古代典籍做出了重要贡献，为后世考据学作出了示范。以惠栋为首的吴派，打出了“汉学”的旗帜，构筑起“汉学”的壁垒，与宋学分庭抗礼，标志着清代“汉学”的形成。

吴派学者，除惠氏外，沈彤、余萧客、江声、王鸣盛、钱大昕、江藩等都卓有名声，其中以钱大昕的成就最为突出。

2. 钱大昕

钱大昕（1728—1804），字晓征，一字辛楣，号竹汀，江苏嘉定（今属上海市）人。幼即敏慧，有神童之称。十五岁为秀才，二十三岁中举，二十六岁成进士，官至少詹事。四十七岁离官归家至终，先后主讲于钟山、娄东、紫阳等书院。治学面很广，精于经史，于音韵、训诂多有创见，旁及天文历算。此外，对历代诗文集，小说，笔记，金石文字，清朝典章制度、满族、蒙古族历史也有研究。曾与惠栋、沈彤来往，精研经义、声音、训诂，光大汉学，发前人所未发。当时人称他“不专治一经而无经不通，不专攻一艺而无艺不精”①。他为人耿直不阿，淡于荣利，以知足为怀。

钱大昕治学最大的特点是既信守汉代经说，又不像惠栋等吴派学者那样把汉儒绝对化。他认为，为学的目的在于求真，“学问乃千秋之事，订讹规过，非以訾毁前人，实以加惠后学。但议论须平允，词气须谦和，一事之失，无妨全书之善，不可效宋儒所云，一有差失，则余无足观耳”②。

钱大昕突破汉学家“专治一业”的藩篱，对经学、史学、天文、历算、音韵、训诂、金石、词章无不精研。尤着力于史学的研究。从《史记》《汉书》到《元史》等二十二史，他皆反复校勘，虽寒暑疾病也未曾停止，偶有所得，则书于纸上，有与前人相合者则舍去，受他人启示者，必标其姓名，耻于据他人成果为己有之事。他把汉学的考据方法用于历史研究，越出了经学考据的藩篱，扩大了考据学的范围。他研究二十二史，参校异同，采集历朝会要及各家诗文

① （清）江藩：《国朝汉学师承记》卷三。

② 《答王西庄书》，载《潜研堂文集》卷三十五。

集，订正脱漏谬误，成《廿二史考异》一百卷。该书多有创见，为清代史学名著之一，为史籍整理做出了贡献。

清代汉学，与吴派并称的是以戴震为代表的皖派。皖派的出现，标志着汉学进入了鼎盛阶段，也是清代学术发展的高峰。皖派形成稍晚于吴派，两派学者有许多共同点，相互影响，往往互为师友，交相推重。其不同之处，从治经的侧重点看，吴派多治《周易》《尚书》，皖派多治“三礼”，尤精小学、天文、历算；从学风上看，惠栋尊闻好博，戴震深刻断制；惠栋仅“述者”，而戴震则是“作者”。自皖派出，“汉学”之帜大张，局面为之一变，宋学余绪，时时欲与“汉学”为难，然志力两薄，不足以张其军。皖派导源于江永，而成于戴震。程瑶田、段玉裁、王念孙、王引之都是皖派的重要人物。而扬州学派的汪中、焦循、阮元等人则是戴震学术较全面的后继者。

3. 戴震

戴震（1723—1777），字东原，安徽休宁人。他自幼好学多思，小时候学《大学》，问其师曰：“此何以知为孔子之言而曾子述之？又何以知为曾子之意而门人记之？”老师告诉他这是朱熹说的。又问朱熹是何时人，曰：“南宋。”又问曾子何时人，曰：“东周”。又问：“周去宋几何时？”曰：“差不多两千年。”戴震问：“那朱子是如何知道是这样的呢？”老师不能回答。戴震家境贫寒，曾随父为商贩，后以教书为生。他师事江永，学日进而境日窘。二十四岁时著《考工记图》，文名传播大江南北。三十二岁时，避仇逃至京城，穷困潦倒，饱受饥寒之苦。他携带自己的著作去谒见钱大昕，谈论竟至终日，钱大昕叹为“天下奇才”。刑部侍郎秦惠田邀请他参加编纂《五礼通考》。礼部尚书王安国特意聘请他教授公子王念孙，王念孙及其子后来相继成为知名的学者。新科进士如纪昀、王鸣盛、王昶、朱筠争先叩访，而他当时的身份不过是一个县学生员。戴震声誉日隆，名重京师。戴震学问虽精，但仕途却不得意，历尽艰苦。二十八岁才为县学生员，三十九岁才中举人，六次会试不中。五十岁以举人身份特召充《四库全书》纂修官。五十二岁会试又落第，特准参加殿试，授翰林院庶吉士，两年后病卒。

戴震学识渊博，长于考证，以精密著称，研究领域遍及音韵、训诂、名物、制度、经籍的考证，天文、历法、数学、史地无所不及。他还写了许多理论文章，在注经的外衣下抨击程朱理学，创造性地阐发了自己的思想。他不仅是一位超凡的考据学家，而且是一位卓越的思想家，在各个领域都取得了超乎前人的成就，他的思想闪耀着反专制的启蒙思想的光辉。他是清代汉学的集大成者。

惠栋治学，笃信汉说，以搜罗考证详博见长，而戴震虽也以汉学为宗，一以实事求是为指归，不仅详博，更在于识断精审。

戴震主张首先由文字训诂入手以明经义。他自称：“仆之学，不外以字考经，以经考字。”因此，他劝人先治《尔雅》，主张治经不能主观臆断，必须在文字学上下工夫，求之于文字的源流。

戴震的考证学，精锐过人。《尚书·尧典》有“光被四表”一语，从未有人产生过疑问。戴震根据《尚书孔氏传》《尔雅》等书，认为“光”是一个错字，应作“横”。他说，古代“横”与“桄”通，“桄”被误作“光”。他断定《尧典》古本必有“横被四表”句。其后数年中，他的朋友、学生、亲戚果然从各种古书里找到了“横被四表”或“横被”的例子，证明了他的结论。

戴震在算学、天文学、地理学方面都作过精密研究并有独到见解。《九章算术》是古代的数学著作，至乾隆时已失传。戴震从《永乐大典》中将离散错乱的文本考证甄别，排纂成编，并据文意为之补图，使这部有价值的数学专著起死回生。他采用西方数学对勾、股、弦与圆的关系作详尽的论述，成《勾股割圆记》一书；著《策算》，专讲乘、除、开方。

经部是一个庞大的体系，囊括天文地理、自然人文各个方面。戴震为研究经学而钻研自然科学，积极学习，吸取当时西方科学的成果。科学知识是明经的基本学问，没有这些科学知识，没有渊博的学问，戴震的经学研究就不会有如此独到的成就。

戴震高于惠栋之处，在于他不仅讲求考证，而且讲求明道，讲求探究经义；在于他不仅崇尚汉儒的朴实，而且赞赏宋儒的追求义理。他不仅是卓越的考据学家，而且是杰出的思想家。他强调考证的目的在于“闻道”，在于抒发经籍的意义。

戴震在文网罗织的高压时代，以大无畏的精神，在解经说经的外衣下，对已流于形式的官方理学成为“杀人”工具给予了无情的揭露和批判。这方面的代表作为《孟子字义疏证》《原善》《答彭进士允初书》《答某书》等。在临终之前，戴震给其弟子段玉裁写信道：“仆平生著述，最大者为《孟子字义疏证》一书，此正人心之要。今人无论正邪，尽以意见误名之曰理，而祸斯民，故《疏证》不得不作。”[①]此书借考据学形式，对当时占据统治地位的程朱理学予以猛烈的抨击，通过对道、理和分理、性、命、才、诚、自然、必然等范畴及其相互关系的阐述，批判了清王朝的文化专制主义，含蓄地表达了自由、个性、平等和科学的近代思想。

他反对所谓“理在气先”的说法。认为天地之间“气”是万物的本源。在理与欲的关系上，理学家根据其理在气先的自然观，随之得出了“存理灭欲”的结论。戴震则针锋相对地指出：“理者存乎欲者也”。人生而有欲，欲即饮食男女，人欲是人们自然的生理要求，使人欲得到合乎规律的发展，就是顺从天理，就是理。他用“理存于欲”的命题驳斥了理学家“去人欲存天理”的说教，痛斥后儒“以理杀人”。他说：“后儒不知情之至于纤微无憾，是谓理。而其所谓理者，同于酷吏之所谓法。酷吏以法杀人，后儒以理杀人，浸浸乎舍法而论理，死矣，更无可救矣！”“人死于法，犹有怜之；死于理，其谁怜之？”[②]这是对统治者利用理学残酷压迫人民的深刻控诉。然而，他的这些思想成就在当时几乎没有知音，

① 《与段若膺书》，载《孟子字义疏证》。

② 《孟子字义疏证》卷上，“理”字条。

他在考据学上的知己密友甚至认为他这是浪费时间和精力，认为他可传于世者不在此。

戴震的后继者分作两派，一派继承了他的音训考据之学，方法更加严密，成绩更加突出，但不谈抽象的义理，如段玉裁，王念孙、王引之父子；一派除音训考据之外还兼谈义理，比较全面地继承了他的治学途径，如汪中、焦循、阮元等。

4. 段玉裁

段玉裁（1735—1815），字若膺，号茂堂，江苏金坛人，乾隆举人。曾任知县，晚年辞官居家，潜心著述。他早年师戴震，是乾嘉学派的文字训诂学家、经学家。他仅小戴震四岁，但执弟子礼甚恭，直至老时，提到戴震的名字，必垂手拱立；每至朔望，必庄诵戴震手札，以示礼拜。段玉裁自幼即好声音文字之学。入北京师事戴震后，开始迈进研究文字音韵之学的门槛，此后数十年如一日，极为勤奋，终于成为一代名家。他在知县任上，办完公事，每每释灯研墨，偷隙奋笔，至于漏下三鼓。其一生著述甚富，计有《古文尚书撰异》三十二卷、《毛诗故训传定本》三十卷等，一生最得意而成绩卓著者为《六书音均表》五卷和《说文解字注》三十卷。

《说文解字》为东汉许慎所作，但只解释文字的本义，于引申、假借之义还没有阐释，亦未参稽经史百家之书，辨正考订。段玉裁给此书作注，训释音义及引申假借义，考证其讹误。他先把研究的成果作成长编，历十九个春秋，名为《说文解字读》，凡五百四十卷。继而以此为本，加工精炼，又经过十三年的努力，写定《说文解字注》，八年后付梓刊行。此书自草稿至付梓，前后达四十年之久，耗尽了他毕生的心血。此书问世后，海内将其视作释《说文》的权威。王念孙说，自许慎之后，“盖千七百年来无此作矣”。

5. 王念孙

王念孙（1744—1832），字怀祖，号石臞，江苏高邮人。王念孙幼年受业于戴震，得其声韵训诂之学。他熟悉汉学门户而不囿于其藩篱，把语言与词义联系起来，从形、音、义三方面互相推求，搜罗汉魏以前古训，详加考订，探求古籍古义，写成《广雅疏证》二十卷，对《广雅》一书进行校勘、训释。他“日三字为程，阅十年而书成”。《广雅》一书向无善本，讹误很多。王念孙旁考诸书，改正原书错字五百八十个，补漏字四百九十个，剔除衍字三十九个，修正颠倒错乱一百三十处。他又根据字群中音近义通的原则，从一个字的训释考证，触类引申，联系到很多字，从形、音、义诸方面找出其有机联系。凡汉以前古训，均搜罗起来作为证据。又著《读书杂志》，考订了《逸周书》《战国策》《管子》《荀子》《晏子春秋》《墨子》《淮南子》《史记》《汉书》《汉书拾遗》等各种古书中的文字讹误及音训句读，共八十二卷。该书凡立一说，必列举古书，博采证据，然后论定，所以令人信服，“一字之证，博及万卷，折心鲜颐，他人百思不能到”①。其子王引之，继承父业，二人世称“高邮王氏父子”。

---

①（清）阮元：《王石臞先生墓志铭》，载《揅经室续集》卷二之下。

6. 汪中

汪中（1745—1794），字容甫，江苏扬州人。出身于贫苦知识分子家庭，七岁丧父，其母以替人缝鞋补衣以维持一家生计。他十三四岁时在书店做学徒，得借阅经史百家之书，于是博综典籍，谙究儒墨。他才高识卓，“箴贬俗子”，敢于言人所不敢言，发展了清初学者复兴诸子学的传统，“卓然成一家言”。著述主要有《经义知新记》一卷、《左氏春秋书释疑》《述学》内篇三卷、外篇一卷、补遗一卷、别录一卷等。

汪中同其他汉学家一样，从音训考据入手以求经义，但是他善于融会贯通，疏明大例；发凡起例，多有创见。他还计划写一部篇幅巨大的古代学术史，总结古代学制、学术的盛衰兴废。可见他虽然致力于音训考据却又摆脱它的局限，向“通”的方向发展。他追本溯源，力图还孔子之学于孔，努力从周秦诸子中去考察儒家经典的本意，开拓了研究范围，加强了对诸子学的研究。特别重要的是他关于荀子和墨子的研究。他将荀子推为孔子的真传，以孔荀代替孔孟，否定宋儒的道统，认为六经为周公所作，孔子所述，荀子作传；若无荀子，六经将成绝学。他敢于反对俗说，独辟蹊径，发前人未发之覆，沉沦两千年前的《荀子》，因此逐渐得到学术界的重视。他多次校订《墨子》，在《述学》中有《墨子叙》《墨子后叙》。他创“孔墨并称”说，推崇已成绝学的墨学，认为墨学是救世之书，墨子是救世之仁人；儒墨相互为用，儒治盛世，墨救衰世，不可假仁义以恶之；儒墨相攻，源于见解的不同，各执己见，争鸣雌雄，这正是学术发展的契机。

汪中冲破汉学藩篱，讲求经世致用之学。他自述："尝有志于用世，而耻为无用之学，故于古今制度沿革，生民利病之事，皆博问而切究之，以待一日之遇。下至百工小道，学一术以自托，平日则自食其力，而可以养其廉耻，……何苦耗心劳力，饰虚词以求悦世人哉？"[①]他的学术思想既有叛逆之处，则社会思想更不会墨守，其中最精彩的部分是在古香古色的礼制考证下面宣传男女婚姻自由的思想，抨击日益僵化的纲常礼教，反对对妇女守节、殉节的要求。

（三）晚清儒学

自鸦片战争以来，儒学的发展进入一个新的历史时期。在这一时期，首先是鸦片战争的发生，使整个清王朝受到极大震动，儒家的知识分子不再沉湎于文字的考据和训诂，转而开始提倡经世致用的学问，今文经学又重新活跃起来。这些儒家的知识分子不但从思想上倡导一种解放，积极地学习西方的科学文化知识，更是引进技术，创办工厂，努力寻求自强之路。到清王朝末期，以廖平、康有为为代表的儒家学者，发挥儒家经典的微言大义，为早期近代化的政治改良和政治革命提供了理论依据。

① 《与朱武曹书》，载《述学·别录》。

1. 常州学派及其发展

清代的学术以汉学为主，重视文字的考据和训诂，虽然对经典的整理和解释不无功劳，但实际上却使学术脱离了生活的土壤，脱离现实，变成一种死的学问。这种情况到乾嘉后期开始有了转变，例如当时的大史学家章学诚（1738—1801），他认为考据和记诵只是学问的手段而不是目的，于是倡导一种“六经皆史”的观念，主张用文化史学的眼光来看待传统的经学，通过分别辨析历史的发展而见其规律。

与章学诚几乎同时，清代的今文经学也开始发展起来。它的首倡者是庄存与，继之而起的有刘逢禄、宋翔凤，由于他们都是常州人，因此也被称为“常州学派”。

庄存与（1719—1788），字方耕，号养怡。他曾是康熙十年（1671）的进士，后做礼部侍郎。他性情廉直，特别擅长《春秋》和《周礼》的学问。他在乾隆朝身居高位，目睹和珅之流专擅腐败，遂借古香古色的西汉今文经学发挥其政治理想，尤以《春秋公羊传》中的微言大义为著。当时的学术主流乃是研究东汉古文经学，庄存与所复兴的今文经学则主要授受于宗族家庭之间。随后，经他的外孙刘逢禄、宋翔凤发扬之，又转手龚自珍、魏源光大之。

刘逢禄（1776—1829），字申受，号思误居士。小时候跟着外公庄存与和从舅庄述祖学习《公羊春秋》，后来考上进士，做了礼部主事。在治学上，刘逢禄重视家法，严守董仲舒、何休关于《春秋》的论述，认为学者都学习圣人，圣人之道备乎五经，而《春秋》正是理解五经的钥匙。他以追寻孔子的微言大义为宗旨，又认为只有何休一家理解了孔子的意思。他的《公羊何氏释例》首列“张三世”“通三统”，并且详细解释了何休所谓的“褒”“贬”“讥”“不书”等概念，这实际上寄托了他自己的改制思想。除此之外，他还撰有《春秋论》《公羊何氏解诂笺》《左氏春秋考证》等。

宋翔凤（1779—1860），字虞庭，长洲人。他也是庄存与的外孙，随舅父庄述祖学习。与刘逢禄一样，他虽然也学习名物训诂，但志向却在西汉的今文经学。宋氏在谈论问题时喜欢援用谶纬。他曾经写作了《论语说义》，认为子夏等六十四人共撰仲尼微言，以当素王。所谓微言，即性与天道的学问。他认为《论语》二十篇正好体现了孔子的微言大义，因此如能寻其条理，求其旨趣，那么太平之治、素王之业就完备了。他后来就学于段玉裁，兴趣转到了文字考据上。

2. 龚自珍、魏源与曾国藩

常州学派最初由庄存与开始，到刘逢禄、宋翔凤时确立，再到龚自珍和魏源的时代发生转变。

龚自珍（1792—1840），字璱人，别号定庵，浙江仁和人。龚自珍的父亲是段玉裁的女婿，他从小跟随外公学习文字训诂之学，二十八岁时拜刘逢禄为师，专治《公羊春秋》，成为今文经学派的健将。他根据经义来批评时政，名气很大，和魏源一起被称为“龚魏”。

作为经学家和思想家，龚自珍的特殊贡献在于他对时代的敏锐嗅觉，他清楚地看到了当时社会的弊病，并且以相当准确的描述表达了他对现实的不满和想要改革的愿望。

首先，龚氏主张学以致用。他猛烈抨击乾嘉考据学为琐碎的无用之物，脱离实际，于社会实际生活无补。他认为，真正的儒家学说不外乎尊德性和道问学两端，两者不可偏废，统一于对现实社会的参与和作用。他批评科举制学、用分离所造成的危害，认为文人士子为应付科举，耗尽心血钻研没用的东西，等到做了官，却全然不懂兵刑、钱谷的事情，这样的科举制危害是极大的。他因此主张废除八股文，以时事、事务方面的策论来取士。

其次，龚氏要求尊重人才。他认为，清政府人才匮乏的原因，在于当时的官僚制度不重才能只重资历，这使得大批有志之士只能在官场中耗尽青春无所作为，而衰老昏庸之辈为了保全自己的私利而置国家利益于不顾，使很多有才能的人被排挤不能得到重用。他因此要求改革死气沉沉的官僚制度，要求统治者不拘一格降人才，只有这样才能促进人才更新，促进国家的强大。

另外，面对当时的内忧外患，龚氏特别强调变革。龚自珍认为，古往今来，历史是不断变化的，“法无不改，势无不积，事例无不变迁，风气无不移易”①。他依据《公羊春秋》的三世说，把社会分为治世、乱世、衰世，认为清王朝已经到了一个颠倒黑白、混淆是非的衰世，非改革不可。在土地问题上，他提出“尚平”的主张，反对贫富差距的扩大。在经济方面，他认为应该关心民众的经济生活。他的

① 《上大学士书》，载《定盦全集》文集补编卷二。

这些设想预见了一个新的社会的到来，他的这些强有力的声音、他的深深的不满与强烈的呼唤，激荡着一代人的心灵，使他成为一位开一代风气的先行者，对后世产生了广泛的影响。

魏源（1794—1857），字默深，湖南人。魏源于道光时中举，到五十多岁才中进士。他与林则徐、龚自珍相友善，并且和龚自珍一样，也曾师从刘逢禄学习《公羊春秋》。鸦片战争前，魏源与林则徐、龚自珍等在京结宣南诗社，提倡经世致用之学。他曾经奔赴抗英战争前线，后来清王朝战败签订《南京条约》，他十分悲愤，写下《圣武记》，企图以此激励清朝统治者振兴武务，抵御外来侵略。他又依照林则徐嘱托，根据《四洲志》，参阅《地理备考》等编撰了《海国图志》，介绍世界各国的地理、历史情况。魏源编撰这本书的目的在于学习西方以富国强兵，他在此书中提出的“师夷长技以制夷”的号召，在当时产生了很大的影响。这本书后来漂洋过海，对日本的明治维新有很大的影响。

在儒家思想方面，魏源与龚自珍一样，也是倡导以今文经学为旗帜，以经世致用为目标。他曾经写作有《书古微》，认为西汉的时候《尚书》今古文本来是一家，二者大同小异，其揭示的正是孔门的微言大义。到后汉才有所谓《古文尚书》的出现，以及后来梅赜的《古文尚书》，魏源认为，这些都是伪作不可信。在《诗古微》中，他反对《毛诗序》，而且从根本上否定《毛诗外传》，认为它们全是伪作。

在历史观上，魏源批评朱熹美化三代而贬抑汉唐的观点，认为后世之事胜于三代。他的历史观较之于龚自珍的“三世说”更为宏通。在魏源看来，历史过程中的天、地、人、物的变化是越来越进步的。他还提出“气运说”来概括历史形势的大变化，意识到中国历史和文化又将面临一次大转折。

魏源在19世纪40年代提出“师夷长技以制夷”的口号，想要通过学习西方而富国强兵。事实上，当时的很多儒家官僚知识分子也认识到这个问题，其中曾国藩就是一个典型的例子。

曾国藩（1811—1872），字居武，后改字伯涵，号涤生，湖南双峰人。曾国藩官至总督，是清政府镇压太平天国运动的功臣。曾国藩主张学习西方的科学技术，他和李鸿章在上海创办了江南制造总局，后来还筹措经费，派遣学童赴美留学。曾国藩的著作被编订为《曾文正公全集》。在学术思想上，曾国藩服膺程朱理学，特别强调个人修养。他又主张兼采汉宋各家学问之长。与前人不同的是，他把经济一科也纳入孔门学科，认为为学之术有四种，除义理、辞章、考据外，还应包括经济。他所谓的经济，其实就是政事，即如何治理社会。此外，他还特别重视礼制，认为礼把人纳入规范之中，是治国平天下的最好办法。礼是为政之本，舍礼无所谓道德，舍礼无所谓政事。礼不仅是修身齐家的道德规范，更是一切社会行为的标准，学习礼、尊崇礼因此成为政治的根本大计。这就是他扶持名教的原因。曾国藩的思想对晚清学风的转变起了促进作用。

3. 洋务运动与中体西用

19世纪60年代，在内外交困的环境下，清王朝兴起了洋务运动。洋务运动的指导思想是“中体西用”。最初，冯桂芬在1861年撰成《校邠庐抗议》一书，在这本书中，他论述了学习西方的必要性、紧迫性和可行性，并就如何处理中西文化关系的问题发表了原则性意见。在冯桂芬看来，我们应以中国的伦常名教为本，辅之以西方国家的技术。冯桂芬的这个意见成为这场运动的纲领。后来，张之洞在他的名篇《劝学篇》中把它概括为“中学为体，西学为用”。在《劝学篇》中，张之洞认为，所谓“中学为体”，是指“三纲”是中国礼教的根本，这是中国最基础的伦理道德，是不能改变和舍弃的；所谓“西学为用”，即在主张中学为体的前提下，引进西方的物质文明，如轮船、枪炮、铁路、电线、工商技术等，促进中国生产力的发展。

“中体西用”作为当时的指导思想，是传统与现代、东方与西方相较量的一个妥协的产物。实际上，不管它的初衷如何，由它所指导的洋务运动确实引进了西方的科技和文化，而这不自觉地把中国文化引向了现代化的发展道路。

到19世纪70至90年代，早期改良派逐渐从洋务派中分化出来，他们主张不仅要学习西方的科学技术，更要学习西方的政治制度，实行社会和文化的改革。他们主张开设议院、兴办商会、废除科举、实行君主立宪。这一思潮的代表人物有冯桂芬、王韬、郑观应、薛福成、马建忠等人。不过，真正的改良运动，还要到维新变法才算一个高潮。

4. 今文经学与政治改良

廖平是近代经学大师，他的思想曾经深深影响过康有为。

廖平（1852—1932），字季平，号四译，四川井研人。他一生研治经学，融合古今中西各种学说，做出了超越前人的学术贡献。廖平出身贫寒，早年曾学习宋学和八股文，后来受到张之洞的赏识，到尊经书院学习。光绪五年（1879），他师从王闿运治今文经学。廖平后来与宋育仁、吴之英等人在成都创办《蜀学报》，宣传变法维新思想。他晚年潜心著述和教学，1932年因病去世。廖平作品很多，包括《今古学考》《古学考》《穀梁春秋注》《何氏公羊春秋续十论》《何氏公羊春秋再续十论》等。

在经学研究上，廖平擅长《春秋》和礼制。他的学术思想多变，最有影响力的是“尊今抑古”之说，即尊崇今文经学，贬抑古文经学。尊今的代表作是《知圣篇》，在这篇作品中，廖平认为公羊学的素王改制说是经学的微言大义之所在，但汉代的公羊家只讲孔子为汉制法，远未穷尽孔子改制的意思。在他看来，孔子的改制是垂万世之定制，为中国立万世法，只有这样来理解素王改制说，才算懂得了圣人的旨意。他抑古的代表作是《辟刘篇》（后改名为《古学改》），在这篇文章中，廖平认为古文经学起源于刘歆作伪，西汉哀帝、平帝之前并无古文经学之说，《史记》《汉书》关于哀平之前古文经学的材料，都是刘歆及其弟子添窜伪造的。

廖平的说法虽然荒诞，但通过康有为的影响而在社会政治方面产生了极大震动。康有为据《知圣篇》作了《孔子改制考》，据《辟刘篇》作了《新学伪经考》。这两部书为后来的维新变法张目并提供了思想理论基础，影响极大。

1894年，中国在甲午战争中惨败于日本。此时，一批具有资产阶级新思想的知识分子意识到，唯有变法图强，才能救国保种。为了挽救民族危亡，一大批维新志士活跃起来，发出了救亡图存的强烈呼声，他们不但提出各种社会改良的主张，并且积极地付诸实践。康有为、谭嗣同和梁启超是其中的代表。

康有为（1858—1927），字广厦，号长素，广东南海人。早年从朱次琦学习程朱理学，亦喜好陆王心学，后来读到廖平的《知圣》《辟刘》等文章，遂醉心公羊之说，依公羊三世说提出了“三世进化论”。在这一时期他游历了香港和上海等地，目睹当时资本主义的发展和世界变化的趋势，深感中国时局的严峻。自1888年起，他七次上书光绪帝，请求改革。1895年甲午战争失败后，他联合会试举人“公车上书”，提出“据和、迁都、变法”的主张。这年秋冬，他先后在北京和上海组织强学会，创办《万国公报》和《强学报》，介绍西方资本主义国家的情况，宣传变法。1897年，德国强占胶州湾，俄国强租旅顺，康有为再次上书光绪帝，痛言瓜分豆剖的危险局势，并建议将国事付国会议行，颁布宪法。1898年，他又联合其他维新变法人士成立了保国会，以“保国、保种、保教”为宗旨。1898年6月，戊戌变法运动开展起来，可惜到了9月慈禧太后发动政变，运动失败了。这以后康有为流亡日本，成为保皇派。辛亥革命以后，他回到国内，继续坚持保守派立场，反对革命和民主共和，并且参与复辟活动。康有为一生著述丰富，除上面提及的以外，影响较大的还有《大同书》《内外篇》《长兴学记》《日本变政记》《论语注》《中庸注》等。其思想散见于这些著作中。

康有为的思想影响主要在社会历史方面。他认为变易是自然和人类社会的普遍现象，正因为变，才能无弊，才能长久。从人类社会看，《春秋公羊传》划分的“所传闻世”“所闻世”“所见世”三阶段亦即“据乱世”“升平世”“太平世”三个历史时代，人类社会也是按照这个顺序发展的，这是一个必然的变化过程。“据乱世”是君主统治，文教未明，女子依附男子，有种族之爱；“升平世”为君主立宪，渐有文教，女权渐出，种族融合；“太平世”为民族共和，文教全备，人人自立，男女平等，没有种族的分别。

在康有为看来，人类社会由“据乱世”“升平世”到“太平世”而进于大同社会，这是人类社会发展的理想。他的《大同书》发挥了这一思想。在这本书中，康有为将基于自然人性的快乐作为人类追求的目标，以自主、平等、博爱作为新社会的价值标准，扬弃了传统人性论与仁爱思想中的禁欲成分；通过批判当时社会制度的不合理，详细描绘了人类未来社会制度的特点及其实现方式。

康有为提出的这些观点突破了传统“天不变，道亦不变”的观念以及早期改良派变器不变道的局限，他的“全变”的社会政治改革主张，不但涉及变器、变事、变政等事，更要求将封建专制制度变为资本主义立宪制，建立君民共和的立宪制国家。康氏的这些思想虽然具有很多不切实际的部分，但在当时的环境下仍然富有进步意义，对当时的社会政治产生了巨大的影响，有力地促进了中华民族的觉醒。

另外值得一提的还有民国初年以康有为及其弟子为中坚而掀起的一场颇有声势的孔教运动。康有为是这一运动的倡导者和精神领袖。在康有为看来，无论是民主制还是共和制，都需要道德的辅助才能养成爱法守法的精神，而养成道德最好的方式就是宗教。中国数千年来一直奉孔子之道为国教，这一注重人伦道德的人道教不但符合时代精神，而且可以维护自由信仰的原则。康有为还将这一宗教与他的三世说及大同理想联系起来，以论证孔教的开放性和包容性。到1912年10月7日，在康有为的支持下，陈焕章在上海创设孔教会。1913年8月，陈焕章、严复、夏曾佑、梁启超等人上书请愿立孔教为国教，未果。此后为实现这一理想，康有为不惜与袁世凯及张勋合作，遭到陈独秀等激进人士的强烈批评。康有为等人发起的孔教运动，试图通过儒学的宗教化来改造儒学，重树儒学的权威，同时以孔教作为维新变法的理论先导，借新孔教来推动政治上的维新，以挽救国家和民族的危亡。孔教运动虽然没有成功，但它表现了儒家学者寻求儒学在现代社会立足发展的努力。

与康有为同属维新改良派的还有谭嗣同和梁启超。谭嗣同（1865—1898），字复生，号壮飞，湖南浏阳人。他早年接受传统教育，抵制西学。甲午战败后他受到极大震动，开始思考和探索救亡图存之道。1895年受到康有为的影响，他的思想发生转变。第二年，谭嗣同写作了《仁学》，主张西学。同年，他在湖南组织强学会，创办《湘报》，开展变法活动。1989年，他奉光绪帝诏令入京，出任军机章京，参与戊戌变法运动，到9月，由于慈禧太后发动政变，运动失败。此时，康有为、梁启超远走日本，谭嗣同不愿逃亡，他说："各国变法，无不从流血而成，今日中国未闻有因变法而流血者，此国之所以不昌也。有之，请从嗣同始！"随后他与杨锐等人一起殉难，被称为"戊戌六君子"。他的思想主要体现在《仁学》一书中。

在《仁学》中，谭嗣同将"以太"作为世界的基础，以太是比原质更为基本的物质，是原质之原。同时，以太也表现为精神的作用，如仁、性、心等。这表明了物质与精神的统一性。在这一基础上，谭嗣同认为，所谓仁，即在其能通，"仁以通为第一义"，而其所以能通，是因为具有以太、电、心力等所以通之具，如此便又将"心力"引入了本体论范畴。"心之力量，虽天地不能比拟，虽天地之大，可以由心成之，毁之，改造之，无不如意。"[①]这是其思想的形上学部分。

在社会历史观上，谭嗣同主张宇宙是不断变化的，日新是一切事物发展的普遍法则。他批评反对变法才而主张守旧的顽固派，认为当时的中国已经到了唯有变法才可以救治的

① 《上欧阳中鹄》。

地步了。他认识到事物内在及其相互之间“异同攻取”的矛盾性，并且从这一认识出发，认为要实现变法，必须与顽固派战斗到血流遍地。不过，谭嗣同的思想有更超越的一面，即他虽然承认矛盾的存在，但认为仁是矛盾在更高层面的统一，因此所有的对峙都应该破之而不留情面，这就是他所宣传的“冲决罗网”。总之，谭嗣同的思想、人格和社会行动在当时产生了极大的影响，他的“我自横刀向天笑，去留肝胆两昆仑”的英雄气概，留给后来者无限的激励和怀念。

康有为有一位著名的弟子梁启超，与他并称“康梁”。梁启超（1873—1929），字卓如，号任公，广东新会人。梁启超小时候聪颖过人，八岁学为文，九岁能缀千言，被誉为神童。他后来和谭嗣同一起追随康有为，参加了“公车上书”。1896年，他在上海主编《时务报》，宣传维新变法，后来与谭嗣同等组织南学会，创办《湘报》《湘学新报》，提倡新学，反对旧学。他在戊戌变法时参与主持新政，运动失败后流亡日本。在日本他又创办了《新民丛报》，发表了很多史学著作，一方面倡导史界革命，一方面大力宣传资产阶级的民权、自由、平等、博爱、利民等进步思想。回国以后，梁启超支持袁世凯与国民党的政治斗争，并且参与了段祺瑞政府反对张勋复辟的活动。1917年段祺瑞的内阁因为孙中山的护法战争而被迫下台，此后梁启超亦辞职，从此退出政坛。1918年后，梁启超远赴欧洲，看到了西方社会的弊病，因此思想有所转变，由原来的向西方学习而变为主张光大中国传统文化，用东方的文明来拯救世界。此后，他开始专心于教学和著述。他的作品很多，后来汇集成《饮冰室合集》。梁启超的写作对当时的社会特别是知识分子产生了广泛的影响，被誉为“舆论界骄子”。

最值得注意的，是梁启超的中西文化观。他认为，在现时代舍弃西学而言中学，这样的中学必然是一种无用之学；舍弃中学而言西学，这样的西学必定是没有根基的。因此他虽然醉心于西方的学术文化，却对中国数千年的传统道德、学术、风俗保持兴趣。

他将变法的理论和根据比照西学作了新的诠释，在解释《春秋》的三世说时，直接用西方近代资产阶级的政治观念进行表述，剔除其中的神秘色彩。在关于改革的重点上，不同于康有为认为的变法的根本在于改革政体，梁启超认为变法的根本在于培育人才，解放民智。他主张用西方自由的观念来树立新民德，要求人们摆脱“三纲”的压制和封建礼教的束缚，使人有独立自主的人格。在关于保教和尊孔的问题上，梁启超认为我们不应把孔子奉若神明，反对把孔子视为教主，主张还孔子以本来面目，而不要把孔子的学说看作宗教的教条。

不过，在游历欧洲以后，梁启超开始主张以中华文明救拔西方社会，这与他之前的观点有所不同。他认为，东方的学问以精神为出发点，西方的学问以物质为出发点，物质文明缺少精神的根基终究脆弱得很，因此最后不得不破产，而此时东方的精神文明却有它合理的价值，可以用来拯救西方。

梁启超的中西文化观代表了那个时代的知识分子对中国社会以及人类命运的思考。他不是简单的西化派，也不是完全的保守派，和洋务运动的“中体西用”也有很大不同。总之，作为中国近现代史上学贯中西的大师级人物，他在诸多领域的非凡成就是留给我们的宝贵财富。

附　录

现代儒学

最后，我们略说一下现代儒学。

先从前“五四”时期的国粹派——章太炎和刘师培等说起。众所周知，他们是当时社会政治秩序的挑战者。在政治层面上，他们是激进派；在文化层面上，他们则对19世纪90年代中国伦理精神的危机作出了保守主义的回应。他们对外来文化的吸纳和本土文化的阐扬都非常之驳杂。国粹派的基本口号是“学亡则亡国，国亡则亡族”，基本思路是以保文化来救国家、救民族，以国粹为立国之根本源泉。国粹派对社会进化、工业化与文化价值和道德理性的背反，表示了困惑和不安。他们从历史、语言、文化与种族的具体而特殊的关系出发来界定“中国性”，探寻文化价值之源。他们的思考，成为20世纪儒学复兴的滥觞。

五四时期的文化守成主义者，与《新青年》派分庭抗礼的，有大家所熟知的《东方杂志》主编杜亚泉（笔名伧父）及其继任者钱智修和作者陈嘉异，有《甲寅》周刊的主编主撰章士钊（孤桐），有《欧游心影录》的作者梁启超和《东西文化及其哲学》的作者梁漱溟等。1915年至1927年发生的东西文化问题论战，就文化守成主义这一方而言，在所谓“东方精神文明”“西方物质文明”和“回过头去走儒家孔子的道路”等笼统论说之中，仍然包含着部分的真理。例如，揭示帝国主义战争所暴露的人类文明的危机，对科学万能论的怀疑，关于发掘传统文化，特别是儒学中不同于西学的价值，强调世界文化比较研究的多元参照，关于人类文化起源、发展路向和现代化道路的多样性及文化的民族性问题的探讨等，不能说没有借鉴意义。

1923年至1924年发生的“科学与人生观”论战，站在科学派健将对面的玄学家是极力推行西方民主政治的张君劢、张东荪以及林宰平、梁启超（中间偏玄）等。从一定意义上说，这场论战是西方哲学界科学主义与人文主义争论的继续。与东西文化问题论战一样，“科玄论战”的水平不高，不可能解决科学与哲学、科学与人生观、精神文明与物质文明、客观必然与意志自由等问题，但把这样一些问题提出来讨论，则是我国思想界的一大进步。张君劢的人生哲学和文化哲学提出了纯科学解决不了的人生问题和文化、历史问题，认为中国经济、政治、文化的改造，不能忽视道德修养，应防止西方文明的流弊，协调精神文明与物质文明。

1922年创刊的《学衡》杂志，在十多年内（1933年停刊）聚集了一批文学和史学界精英，成为文化守成主义的重镇。《学衡》宗旨为“论究学术，阐求真理，昌明国粹，融化新知，以中正之眼光，行批评之职事，无偏无党，不激不随”。但实际上，《学衡》对新文化运动的主流派提出了尖锐的批评。其中，吴宓、梅光迪、汤用彤提出的“东西历史民族性的差异性”问题，选择中西文化真正的精华加以融会贯通，摒弃浅薄、狭隘的学风，有着积极的意义。他们对中西文化作过切实的研究，有着透辟的分析，因而多从学理上主张既“保存国粹又昌明欧化”，既反对菲薄国学又反对保守旧化，批评双方引进的西学（如前者引进的杜威、罗素，后者引进的柏格森、倭伊铿），“均仅取一偏，失其大体”，主张忠实全面地介绍、阐扬包括柏拉图、亚里士多德和孔子、墨子、庄子、佛教经典在内的东西方文化精粹。“学衡”派沿着“国粹”派的思路，更加强调政治的根本在于道德；在文化哲学的取向上，“学衡”派推崇白璧德等美国的新人文主义者。白璧德等人提倡人文道德、反对文艺与生活中粗浅滥污、浮靡颓废之趋势，拒斥科学一元论，认为文化与人生的规律根本不同于自然与生物的规律。

1905年清廷废除科举，1912年中华民国首任教育总长蔡元培下令废止中小学与师范学校读经，这都是儒学在制度上受到重创的大事件。1919年五四运动以降，西化狂潮席卷宇内。尽管如此，20世纪20年代至20世纪40年代，有关国学、儒学的基础教育在公私立中小学中仍普遍受到重视，中小学生的国学基础比较好，公私立大学的中文、国文系也办得很好，甚至连所有的教会大学都相继建立了相当不错的国文系，专门学校例如无锡国学专科学校等就更不用说了。作为通识教育的“大学国文”也建构了起来，并在传播儒学和国学知识上起到了重要作用。彼时社会民间文化的空间比较大，20世纪20年代末至抗战前，国学、国医、国药、国艺、国乐、国术、国画、国剧等都兴盛起来，兴起了“国字号”的社会文化运动。这些，恰好是在借鉴西学及中西学合流的背景下产生的，然而，毫无疑问，文化守成主义思潮在其中起了一定的作用。

作为文化守成主义思潮的主要组成部分，现当代新儒家并非异军突起。孔子说：“德不孤，必有邻。”从国粹派、东方文化派、玄学派、学衡派、国字号运动到现当代新儒家，它们之间有着千丝万缕、错综复杂的联系，以上社会文化、学校教育的背景与土壤，孕育了现代新儒学思潮的产生。

现代新儒学思潮形成于1915年至1927年发生的东西文化问题论战与1923年至1924年发生的“科学与人生观”论战期间。最早的代表人物有梁漱溟、张君劢、熊十力、马一浮等。以上也可以视为本思潮发展的第一阶段。以后的三个阶段，时空转移，颇有意思。第二阶段发生在抗战时期与胜利之后的中国大陆，第三阶段发生在20世纪50年代至70年代的中国台湾和香港地区，第四阶段发生在20世纪70年代至90年代的海外（主要是美国），改革开放后又由一些华人学者带回中国大陆。第一阶段可以简称为“五四”以后的新儒学（家），第二阶段可以简称为抗战时期的新儒学（家），第三阶段可以简称为港台新儒学（家），第四阶段可以简称为海外新儒学（家），改革开放后返输中国大陆。

现代新儒学思潮在贞下起元、民族复兴的抗战期间获得了长足的发展。在此期间，出现了大量的融会中西思想文化精华的、富有民族特色的史学著作和哲学著作。其中包括熊十力的《新唯识论》（语体文本）、《读经示要》，冯友兰的《新理学》等“贞元六书”，贺麟的《近代唯心论简释》，钱穆的《国史大纲》，马一浮的《泰和宜山会语》《复性书院讲录》，唐君毅的《道德自我之建立》等。抗战胜利之后，还有梁漱溟的《中国文化要义》、贺麟的《文化与人生》等。这些著作表明，这一时期的中国知识分子，能够以比较健全的心态，认识和理解东西文化及其哲学，既不满足于转手稗贩，又不沉溺于盲目陶醉；对于传统文化的认同，有了比较清醒的理性的依据，对于现代世界必然之势的认同，则增加了情感的强度；在对古今中外文化精髓有了深切了解的前提下，综合熔铸，试图创造出新的文化或哲学系统。

1941年，《思想与时代》杂志创刊号上刊载的贺麟的《儒家思想的新开展》的论文，被普遍看作是“现代新儒学”或“现代新儒家”的宣言。该文明确提出了“以儒家思想或民族精神为主体去儒化或华化西洋文化”，否则，“中国将失掉文化上的自主权，而陷于文化上的殖民地”；认为民族文化的复兴主要是儒家文化的复兴。

1958年元旦，张君劢、唐君毅、牟宗三、徐复观联名发表了《为中国文化敬告世界人士宣言——我们对中国学术研究及中国文化与世界文化前途之共同认识》。此宣言主要是针对西方人对中国文化的误解而发的。宣言认为，“中国文化问题，有其世界的重要性”；中国文化不是“死物”“国故”，乃是“活的生命之存在”，正在努力使人类和中华民族的“客观精神生命的表现”继续发展下去。中国文化虽有多根，且不断与外来文化融合，但它的根本特点乃在于“一本性”，即在本原上是一个体系，并有一脉相承之统绪。中国文化的伦理道德思想及实践，不仅仅是一种外在规范，以维持社会秩序，而且是一种内在精神生活的根据，包含有宗教性的超越感情。

关于现当代新儒学思潮与主要代表人物，方克立与刘述先等提出了“三代四群”的说法：

第一代第一群：梁漱溟（1893—1988）、熊十力（1885—1968）、马一浮（1883—1967）、张君劢（1887—1969）。

第一代第二群：冯友兰（1895—1990）、贺麟（1902—1992）、钱穆（1895—1990）、方东美（1899—1977）。

第二代第三群：唐君毅（1909—1978）、牟宗三（1909—1995）、徐复观（1903—1982）。

第三代第四群：杜维明（1940— ）、成中英（1935— ）、刘述先（1934—2016）等。

现代新儒家反思现代性，反思唯科学主义，重视人类与中华民族的长久的人文精神与价值理性，其论域、问题意识或思想贡献有：（1）跳出传统文化与现代化二元对峙的模式，并由此反省现代性，反对把西化与现代化画上等号，重新思考东亚精神文明及其与现代化的关系问题。（2）提出“文明对话”与“文化中国”论域。（3）肯定儒家价值有普遍的内涵，与当代全球伦理、环境伦理、生命伦理有着内在的联系。（4）强调儒学与现代民主政治的融合而不是对立。（5）探索儒学的宗教性与超越性及“内在超越”问题。当然，毋庸讳言，现代新儒学思潮也有不少局限。

近三十年来，在中国大陆学界，李泽厚、汤一介、张立文、蒙培元、牟钟鉴、陈来、杨国荣等学者，在儒家哲学理论的创造性转化方面有着诸多新思考与新建构。

儒学并不是历史的陈迹，而是与现代社会相衔接的活的传统。今天，在中国，儒学正在民间复兴。

参考文献

1.（清）阮元校刻：《十三经注疏》，中华书局影印，1979年版。
2.（宋）周敦颐：《周敦颐集》，中华书局2009年版。
3.（宋）张载：《张载集》，中华书局1978年版。
4.（宋）朱熹：《四书章句集注》，中华书局2003年版。
5.（宋）程颢、程颐：《二程集》，中华书局2004年版。
6.（宋）黎靖德：《朱子语类》，中华书局1986年版。
7.（宋）陆九渊：《象山先生全集》，商务印书馆1935年版。
8.（宋）陈亮：《陈亮集》，中华书局1974年版。
9.（宋）叶适：《叶适集》，中华书局2010年版。
10.（元）脱脱等：《宋史》，中华书局1985年版。
11.（宋）黄庭坚：《豫章黄先生文集》，商务印书馆1922年版。
12.（宋）陆九渊：《陆九渊集》，中华书局1980年版。
13.（宋）叶适：《习学记言序目》，中华书局1977年版。
14.（明）王守仁：《王阳明全集》，上海古籍出版社1992年版。
15.（明）王夫之：《船山全书》，岳麓书社1996年版。
16.（清）王先谦：《荀子集解》，中华书局1988年版。
17.（清）黄宗羲原著，（清）全祖望补修：《宋元学案》，中华书局1986年版。
18.（清）张廷玉等：《明史》，中华书局1974年版。
19.（清）永瑢等：《四库全书总目》，中华书局1965年版。
20.（清）黄宗羲：《明儒学案》，中华书局1985年版。
21.（清）黄宗羲：《明夷待访录》，中华书局1981年版。
22.（清）顾炎武：《顾炎武全集》，上海古籍出版社2011年版。
23.（清）钱大昕：《潜研堂集》，上海古籍出版社1989年版。
24.（清）戴震：《孟子字义疏证》，中华书局1982年版。
25.（清）汪中：《述学》，中华书局2014年版。
26.（清）章学诚：《章学诚遗书》，文物出版社1985年版。
27.（汉）班固著，陈立等校注：《白虎通疏证》，中华书局1994年版。

28. （汉）贾谊著，阎振益校注：《新书校注》，中华书局2000年版。
29. （隋）王通著，郑春颖译注：《文中子中说译注·文中子世家》，黑龙江人民出版社2003年版。
30. （宋）朱熹：《朱子全书》，上海古籍出版社、安徽教育出版社2002年版。
31. 十三经注疏整理委员会整理：《十三经注疏》，北京大学出版社2000年版。
32. 国学整理社：《诸子集成》，世界书局1935年版。
33. 杨伯俊：《论语译注》，中华书局2006年版。
34. 杨伯俊：《孟子译注》，中华书局2003年版。
35. 顾颉刚：《尚书校释译论》，中华书局2005年版。
36. 周振甫：《诗经译注》，中华书局2010年版。
37. 黄寿祺、张善文：《周易译注》，上海古籍出版社2004年版。
38. 杨天宇：《礼记译注》，上海古籍出版社2004年版。
39. 中国孔子基金会编：《中国儒学百科全书》，中国大百科全书出版社1997年版。
40. 梁启超：《中国近三百年学术史》，中国画报出版社2010年版。
41. 钱穆：《宋明理学概述》，九州出版社2011年版。
42. 冯友兰：《中国哲学史新编》，人民出版社2007年版。
43. 蒙培元：《人与自然：中国哲学生态观》，人民出版社2004年版。
44. 张岂之编：《中国思想学说史》，广西师范大学出版社2007年版。
45. 陈来：《朱熹哲学研究》，中国社会科学出版社1988年版。
46. 陈来：《宋明理学》，华东师范大学出版社2004年版。
47. 陈来：《诠释与重建——王船山的哲学精神》，北京大学出版社2004年版。
48. 陈来：《有无之境——王阳明哲学的精神》，人民出版社1991年版。
49. 陈来：《古代宗教与伦理——儒家思想的根源》，生活·读书·新知三联书店1996年版。
50. 陈来、杨立华、杨柱才、方旭东：《中国儒学史·宋元卷》，北京大学出版社2011年版。
51. 郭齐勇：《中国儒学之精神》，复旦大学出版社2009年版。

52. 郭齐勇：《中国哲学史》，高等教育出版社2006年版。
53. 郭强：《中国古代选举制度》，吉林文史出版社2011年版。
54. 楼劲、刘光华：《中国古代文官制度》，中华书局2009年版。
55. 张晋藩：《中国古代监察制度史》，中国方正出版社2013年版。
56. 吕振羽：《中国政治思想史》，人民出版社2008年版。
57. 俞荣根：《儒家法思想通论》，广西人民出版社1998年版。
58. 牟钟鉴：《新仁学构想——爱的追寻》，人民出版社2013年版。
59. 周桂钿：《中国传统政治哲学》，河北人民出版社2007年版。
60. 陶希圣：《中国政治思想史》，中国大百科全书出版社2011年版。
61. 张学智：《中国儒学史·明代卷》，北京大学出版社2011年版。
62. 汪学群：《中国儒学史·清代卷》，北京大学出版社2011年版。
63. 干春松：《儒学概论》，中国人民大学出版社2009年版。
64. 彭林：《中国古代礼仪文明》，中华书局2013年版。
65. 孙培青：《中国教育史》（修订本），华东师范大学出版社2000年版。
66. 郭齐家：《中国教育史》，人民教育出版社2015年版。
67. 郭齐家：《中国教育思想史》，教育科学出版社1987年版。
68. 胡文楷：《历代妇女著作考》，上海古籍出版社2008年版。
69. 杜学元：《中国女子教育史》，贵州教育出版社1995年版。
70. 陈谷嘉、邓洪波：《中国书院制度研究》，浙江教育出版社1997年版。
71. 朱汉民：《中国书院文化简史》，中华书局、上海古籍出版社2010年版。
72. 赵吉惠、郭厚安、赵馥洁、潘策：《中国儒学史》，中州古籍出版社1991年版。
73. 张立文：《朱熹评传》，南京大学出版社1998年版。
74. 杨东莼：《中国学术史讲话》，东方出版社1996年版。
75. 陈祖武：《清代学术源流》，北京师范大学出版社2012年版。
76. 胡治洪：《全球语境中的儒家论说：杜维明新儒学思想研究》，生活·读书·新知三联书店2004年版。
77. 何光沪等：《对话二：儒释道与基督教》，社会科学文献出版社2001年版。

后 记

中国国学中心儒学馆展陈知识文本《斯文在兹——儒家文化精神与源流》一书，以海内外儒学研究的最新成果为基础，以系统性、准确性、通俗性为原则，力图对儒学进行一个全景式的介绍，并为展陈专家和社会大众了解儒学常识提供一个可靠的文本。

本书由武汉大学国学院、哲学学院中国哲学学科师生合作完成。郭齐勇教授确定了全书撰写思路和基本框架，提出按照“儒学精义”和“儒学源流”两条线，纵横交错地对儒学进行全面介绍的整体思路。孙劲松教授负责该书的写作组织，刘依平博士拟订了全书提纲。该书的具体撰写，则主要由武汉大学国学院、哲学学院的博士生分任。各章的执笔人如下：

绪　论	释“儒”	刘依平
第一章	儒学心性论	彭婷
第二章	儒学伦理论	肖雄
第三章	儒学政治论	傅蓉
第四章	儒学教育论	刘依平
第五章	儒学生态论	李兰兰

第六章　先秦儒学　　　　陈正兴

第七章　秦汉至唐代儒学　黄盖

第八章　宋元明清儒学　　陈正兴、黄盖

附　录　现代儒学　　　　郭齐勇

此外，吴默闻、张志强、杨柳岸三位博士以及博士生刘莉莎、任立，分别参与了该书提纲的讨论和部分内容的撰写。胡治洪教授、欧阳祯人教授、孙劲松教授、秦平副教授、连凡博士分任一章或数章的指导，促进了书稿的写作与修改工作。全书最终由郭齐勇教授审订。

本书的写作，得到了多位知名专家学者的帮助，陈来教授、牟钟鉴教授、干春松教授审阅了书稿并提出了宝贵意见；国务院参事室、中央文史馆领导的奖掖与关心，为本书的顺利完成提供了良好的条件；人民出版社编辑为本书出版付出了许多心血：在此谨致谢忱！

受学识水平所限，本书一定存在疏漏之处，敬请各位读者批评指正。

编者

2015年6月25日